amanda vital | ana luiza tinoco | ana paula vulcão | bruna carolina carvalho | carla muhlhaus | carol braga | costa neto | daniel cruz | danilo cardoso | delmar maia gonçalves | dudalas casas | dulce semedo | elizabeth olegario | ellen lima | etivaldo camala | flávio catelli | francisco mateus | francisco welligton barbosa jr | gabriela carvalho | gabriela gomes | hilda de paulo | huggo iora | irma estopiñà | ivan braz | jamila pereira | jaqueline arashida | jean d. soares | jorgette dumby | juliano mattos | laura beaujour | leidy rocio anzola chaparro | luca argel | luciana pontes | luciana soares | mai zenun | manuella bezerra de melo | maria giulia pinheiro | mariana dorigatti woritovicz | marianna di giovanni pinheiro serrano | monise martinez | murilo b. lense | murilo guimarães | noemi alfieri | ronaldo cagiano | salazar crioulo | samara azevedo | samara ribeiro | sylvia damiani | vum-vum kamusasadi

~~VOLTA~~
PARA TUA TERRA:

UMA ANTOLOGIA

ANTIRRACISTA/ANTIFASCISTA

DE POETAS ESTRANGEIRXS

EM PORTUGAL

[organização]

manuella bezerra de melo & wladimir vaz

URUTAU

2021

O —

editora Urutau

avenida peirao besada, 6 – 2ºD
36163 — poio (pontevedra)

rua do cajú, 478,
jardim das cerejeiras
06724-015
cotia-sp (brasil)

[+34] 644 951 354 [galiza]
[+55] 11 9 4859 2 426 [brasil]

www.editoraurutau.com.br
contato@editoraurutau.com.br

www.editoraurutau.com.br

[EDITORES]
tiago fabris rendelli & wladimir vaz
[REVISÃO]
débora ribeiro
[ISBN]
978-65-5900-031-9

©aa.vv, 2021.

sumário

[9]   [prefácio por Manuella Bezerra de Melo]

[22] Amanda Vital
[25] Ana Luiza Tinoco
[28] Ana Paula Vulcão
[31] Bruna Carolina Carvalho
[35] Carla Muhlhaus
[38] Carol braga
[42] Costa Neto
[45] Daniel Cruz
[50] Danilo Cardoso
[54] Delmar Maia Gonçalves
[56] Duda Las Casas
[58] Dulce Semedo
[62] Elizabeth Olegario
[66] Ellen Lima
[69] Etivaldo Camala
[71] Flávio Catelli
[74] Francisco Mateus
[77] Francisco Welligton Barbosa Jr
[81] Gabriela Carvalho
[85] Gabriela Gomes
[95] Hilda de Paulo
[104] Huggo Iora

[107] Irma Estopiñà

[111] Ivan Braz

[115] Jamila Pereira

[118] Jaqueline Arashida

[121] Jean D. Soares

[124] Jorgette Dumby

[128] Juliano Mattos

[133] Laura Beaujour

[142] Leidy Rocio Anzola Chaparro

[145] Luca Argel

[147] Luciana Pontes

[150] Luciana Soares

[154] Mai Zenun

[162] Manuella Bezerra de Melo

[164] Maria Giulia Pinheiro

[170] Mariana Dorigatti Woritovicz

[172] Marianna Di Giovanni Pinheiro Serrano

[174] Monise Martinez

[181] Murilo B. Lense

[184] Murilo Guimarães

[186] Noemi Alfieri

[189] Ronaldo Cagiano

[192] Salazar Crioulo

[196] Samara Azevedo

[199] Samara Ribeiro

[203] Sylvia Damiani

[207] Vum-Vum Kamusasadi

[prefácio]
por Manuella Bezerra de Melo

A imigração é um labirinto. Um labirinto de concreto cujo céu não se vê. Seguir em frente é o único sentido e até mesmo voltar significa seguir em frente. Decidir tirar os pés do próprio chão, cujo solo é conhecido, cujo terreno está medido, onde se planta, onde não se planta, onde é possível colher ou não, é um ato de coragem. Perguntam então porque se faz isso, se é um ato tão duro consigo mesmo. Às vezes a gente conhece o próprio solo, mas está exausto da espera pela colheita. Às vezes, ainda que se saiba sobre o teor do solo, da terra abaixo do seu corpo, é preciso que o grão brote, e se não brota, a sobrevivência leva os humanos, que tem pernas, a se movimentarem. Assim constituíram-se o mundo, as sociedades, as civilizações. Homens e mulheres com pernas caminharam, deslocaram-se para onde já estavam deslocados os seus sonhos. Uma vez dentro do labirinto, uma vez que é feita esta escolha, não há mais volta a dar. Algumas pessoas passam uma vida inteira no mesmo lugar, no mesmo sítio, na mesma aldeia. É respeitável, é uma escolha. Mas são as que se movimentam aquelas que transformaram a humanidade, as pessoas cujo deslocamento de si mesmo promoveu o deslocamento do eixo da terra. Quando alguém se desloca ela transforma tudo dentro e também à sua volta. O movimento, o deslocamento em si não é danoso, pelo contrário, é importante e produtivo, desde que isso não leve a um encontro danoso com a alteridade. E é sobre alteridade que também queremos falar. Nós, estes poetas estrangeiros que vos falam, viemos dos mais variados países. Nós estamos em Portugal, somos residentes por uma série de motivações conhecidas apenas por cada um de nós, assim como os quase 600 mil outros imigrantes que vivem aqui. Portugal, este país de território pequenino na ponta da Península Ibérica, é pela história conhecido por sua essência exploratória, curiosa e desbravadora. As míticas personalidades históricas portuguesas conquistaram o mundo para a sua coroa, sua monarquia na altura poderosa, vigorosa, que construíram uma imaginária nação gigantesca. Imaginária porque falamos aqui sobre imaginário mesmo, sobre como as narrativas são capazes de produzir verdades absolutas que talvez não sejam assim tão verdadeiras como esperávamos que fossem, ou que sejam somente uma parte da verdade. Estamos falando de algo que tem início em um tempo remoto, que parece que não se vê neste agora. Grandes navios que atravessam oceanos e lutam contra monstros no caminho, mas que trazem de volta riquezas e desenvolvimento. Guerreiros bravos que ocupam terras de homens que são julgados inferiores — e delas e deles se apropriam, como coisas. A épica camoniana, além de muito boa literatura, tem também uma função clara, instrumentalizada pelo poder: fortalecer a ideia da glória portuguesa e honrar Dom Afonso Henriques, "O Conquistador", primeiro rei de Portugal, símbolo máximo de onde tudo isso começou, e cuja continuidade vê-se por todo lado, pelas ruas portuguesas, nas lojas de souvenir ou tatuadas na pele de seus nativos. Em Guimarães, norte de Portugal, por exemplo, um breve passeio no centro histórico pode ser um bom campo de estudo. A cidade vibra na glória de Dom Afonso, do turismo ao futebol, glória que se multiplica por todo terreno do antigo condado portucalense. É desde este país que falamos. Gente acolhedora, conversadeira, que gosta de aproveitar a vida, gente curiosa e sim, de certo,

PREFÁCIO

muito valente e altiva, , mas gente que em nome de um patriotismo quase nocivo impede-se em ver que a própria moeda tem muitos lados. E o país inteiro mora no corpo deste grande paradoxo. O mesmo imaginário conquistador que sustentou a rica nação por longos períodos também é o grande responsável por desumanidades em outras nações, e manteve a posse de muitas colônias até um dia desses, com a derrota do Estado Novo e o 25 de abril em 1974, ocorrido após um longo período de guerra colonial. Falamos de muito pouco tempo atrás. Todos que cá vivem conhecem quem esteve na guerra, tem um avô que morreu na guerra ou é um nascido na colônia retornado após a independência. É uma história tão triste quanto viva, que caminha pelas ruas com uma pistola a atirar nos migrantes não convidados a cá estarem. Não há nada de passado no Portugal colonizador, não há nada de superado nem aqui e nem em nenhuma das antigas colônias portuguesas que hoje, em sua vasta maioria, gozam de condições periféricas, precárias na economia e de extrema dependência política e diplomática em relação aos países do norte global. Todas estas questões são construtoras da identidade do português contemporâneo, o controverso português que consegue ser tanto o do

Saramago, do Lobo Antunes, quanto o do Eça de Queirós ou do Almeida Garret.O português do Camões. Com isso, nosso estrangeiro retorna ao labirinto. Está aqui, vive aqui, é aqui que constrói uma nação, mas é permanentemente recusado, mandado embora. Do mais negro ao mais branco, do mais velho ao rapazote, *VOLTA para tua terra* é recorrente e cortante. Esperamos que esta antologia não fira ao portugueses, principalmente aqueles que sabem o quanto é necessário tratar do passado para afinal encontrar o bom futuro. São muitos os que lutam ao nosso lado, que percebem a necessidade de de drenar a ferida colonial ainda tão arregaçada, são muitos os que percebem que um país se constrói com todos, sem distinção. Que a fronteira é um lugar imaginário, tão imaginado quanto todos os mitos que leva alguém a acreditar que há algo nele de superior ou que o leva a acreditar que houveram bons colonizadores, ou que ela, a colonização, é um favor da civilização ocidental ao mundo. Mas assumimos o risco. Dizer pode ferir, mas feridas não desparecem quando fingimos que ela não está lá. É justo que se diga que tal efervescência conservadora portuguesa mais recente não insurge do nada e nem mesmo sozinha. Desde a revolução de 25 de abril, as vozes silenciadas do fascismo tinham muito engasgado. A derrota do Estado Novo lhes desceu como um sapo pela garganta, mas nunca foi totalmente digerida. O assunto tornou-se motivo de uma longa ruminação. A ascensão de Donald Trump nos Estados Unidos lhes ofereceu, afinal, um porta-voz destes rancores da derrota guardados há algumas décadas. Não foi exclusividade da península o eco gerado. Mas o crescimento do fascismo à portuguesa tem evidenciado em especial o quanto o colonialismo é mal resolvido, exaltado quando deveria ser rechaçado e como dentro deste território ele tornou-se uma forma de expressão deste fascismo contemporâneo que ainda estamos todos tentando compreender. De acordo com o último *European Social Survey* (ESS) de 2018/2019, um dos mais respeitados inquéritos europeus, 62% dos portugueses manifestam racismo. Esse índice é facilmente sentido nas ruas, é um incômodo constante aos que vivem e trabalham em terras portuguesas. Recentemente uma prestigiada universidade teve os muros pixados com incitações de ódio contra estudantes brasileiros, nada exclusivo, posto também os insultos constantes vivenciados pela população de etnia cigana, um dos alvos favoritos da nova extrema-direita portuguesa que prolifera notícias falsas com o objetivo de atingir a moral desta comunidade. Os crimes de cunho racial têm sido recorrentes contra negros e negras, principalmente, cuja alteridade é impressa na pele de forma mais evidente, a exemplo dos casos do estudante universitário cabo-verdiano Luís Giovani dos Santos, assassinado por espancamento em Bragança (mesma cidade que em 2003 promoveu protesto contra a presença das mulheres brasileiras acusadas de seduzirem os maridos das mulheres portuguesas e destruírem as famílias. Não, você não leu errado, foi isso mesmo que aconteceu), e a execução do ator Bruno Candé por um ex-combatente na Guerra Colonial, que antes de matá-lo proferiu insultos do gênero "Fui à cona da tua mãe e daquelas pretas todas, violei a tua mãe e o teu pai também", "Levas com a bengala, preto de merda", "Tenho armas do Ultramar e vou te matar" e a tão conhecida e famigerada "Volta para a tua terra, preto, tens a família toda na sanzala e também devias lá estar". Bruno, cuja ancestralidade da Guiné estava cravada, curiosamente era português, nascido e criado em Chelas, morto em Moscavide enquanto o mandavam VOLTAR. Perguntamos, portanto, angustiadamente a que terra devemos voltar? Em que terra deveríamos estar que não aquela que estamos agora? A quem pertencem estas terras todas? Os que nos mandam voltar a nossa terra seriam os mesmos que um dia ocuparam--nas violentamente? Dos mais extremos até o mais sutil preconceito, o estrangeiro em Portugal, está preso nesse labirinto na companhia de insultos e desdém, de pré-julgamentos quanto à sua idoneidade que nascem exclusivamente por serem quem são, dos estereótipos que ajudam a manter a hierarquia da superioridade colonial; homens brasileiros são violentos ou malandros, mulheres brasileiras são prostitutas ou vulgares, pretos são pretos, oras, deviam existir para servir e não mais que isso, para os ciganos, sapos na porta para espantá--los, latinos são um braço europeu, uma extensão do corpo, ou seja lá de onde você venha, você não deveria ter vindo, não deveria estar aqui, mas já que está, agora vai aprender a falar português corretamente, porque afinal o que falas é outra coisa, uma coisa errada. E podes até mesmo ter doutoramento em letras e literatura, segues a ser um colonizado analfabeto e ignorante para qualquer português, mesmo que ele nem tenha completado o quarto ano primário.

Por isto, esta antologia parece ser pra nós uma luz no labirinto. Indica o caminho que devemos seguir, indica que não paralisaremos, não amansaremos, não seremos obedientes e assimilados, não viemos aqui para servir ao português, mas ao País. E concluímos que fortalecer Portugal é parar de esconder a ferida de Portugal. Tratar da ferida pode doer. Descobrir onde dói, drenar, remediar, cozer, olhar pra ela constantemente. Fingir que não está lá é deixá-la infectar todo o corpo. Nossa função para fortalecer este país é dizer as coisas incômodas, fazer as perguntas difíceis. Porque queremos estar aqui, mas aqui ou em qualquer lado, não desejamos ser o que não somos, não achamos que precisamos deixar de ser quem somos para cá estar, mas que tornamos Portugal melhor na sua essência da diversidade. Sabemos nós que este pequeno terreno na ponta da península ibérica, o que ele é hoje, é resultado de populações outras que transitaram, caminharam, usaram seus pés e realizaram esta terra. Quantas etnias passaram por aqui? De quantos sangues é feito o sangue português, entre Celtas, Romanos, Germânicos e Mouros? Quantos portugueses se foram, fincaram seus pés em outros territórios para assim construírem (e constituírem) outros mundos? Há dados que estimam mais de cinco milhões de portugueses espalhados pelo mundo (a maioria que partiu é população economicamente ativa, jovens e adultos em idade reprodutiva, deixando no país os idosos e inativos e incontáveis postos de trabalho em aberto). A história nos conta que todos os sangues são compostos de sangues múltiplos e a compreensão de que não é o trânsito em si o problema, mas confrontar-se com outras realidades, talvez seja o primordial para falarmos sobre o porquê desta antologia, e o porquê desta antologia agora? Enquanto mulher latino americana, brasileira, não cabe a mim neste espaço tratar especificamente sobre as feridas coloniais que trazem diariamente, por exemplo, habitantes das ex-colônias portuguesas até aqui. Ainda que esta obra componha 80% de poetas naturais de países que foram colonizados por Portugal, países estes que se tornaram politicamente independentes, mas gozam de severas consequências deste processo, há neste trabalho escritores de outros países, que falam aqui sobre a experiência de existir com os pés do lado de fora das próprias fronteiras. Esta escolha de estrangeiros naturais de muitos pontos é parte da nossa crença que essa investida fascista não é exclusividade portuguesa, trata-se infelizmente de um movimento global (que aqui reascende antigos traumas dessa história em especial), e por isso, lembramos que todo estrangeiro, cujos pés pousam no labirinto migratório, confrontam-se com as dores de serem reduzidos a estereótipos, de serem enxotados, ou quando aceitos, invalidados na sua subjetividade, forçados à aculturação, questionados quando assumem seus direitos políticos, ou quando recusam-se a abanar o rabo como um animal de estimação. Digo isso evocando o pequeno órfão Ngunga, personagem do escritor Pepetela, que caminha pelos quimbos de uma Angola em guerra anti-colonial e, mesmo menino, ao conhecer o cozinheiro do quartel colonial consegue perceber a diferença evidente entre se formar um homem e se tornar um bicho doméstico de alguém. Por isso, tal e qual o Ngunga, optamos em sermos homens e mulheres que farão Portugal ao lado dos portugueses; nem acima, muito menos abaixo. Precisamos de Portugal mas sabemos que Portugal também precisa de nós, dos nossos braços, mas também do nosso entusiasmo, da nossa força e de tudo aquilo que conseguimos ver com os nossos olhos. Neste momento, o labirinto só nos permite seguir em frente. Não voltaremos porque já não há nada para trás, porque acreditamos que esta terra é tão nossa quanto vossa, conseguimos enxergar o grande holograma inventado que são os muros, uma ilusão que queremos implodir para que todos consigam ver o mundo real sem fronteiras que vemos, sem

PREFÁCIO

limites entre nós e o outro, entre o outro e nós, e neste dia possamos, afinal, sair do labirinto e sermos acolhidos pelo horizonte.

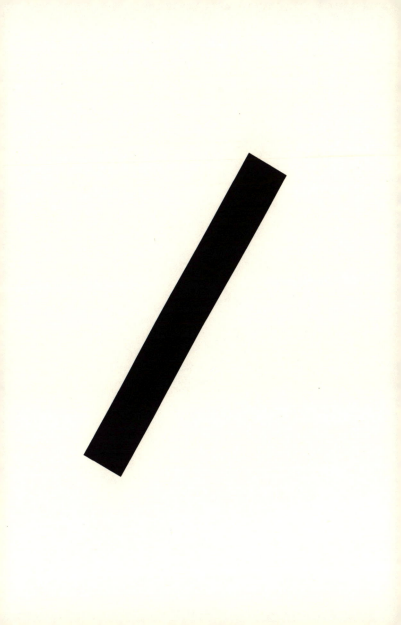

AMANDA VITAL

é assistente editorial da editora Patuá, editora-adjunta da revista *Mallarmargens* e mestranda em Edição de Texto pela Universidade Nova de Lisboa. Autora do livro *Passagem* (Patuá, 2018). Tem poemas e traduções em revistas e suplementos literários do Brasil e de Portugal.

flâmula

em um espaço quente dentro da minha memória
minha mãe costumava me enfiar um casaco por
dentro dos braços dizendo filha quando for sair
esteja em alerta :em constante estado de alerta:
observo as mesas ao redor enquanto tento ouvir
com atenção uma colega esbugalhada e franzina
tentaram passar a mão nos cabelos dessa colega
na estação de metro ela conta enquanto observo
em constante estado de alerta pergunto podemos
ir para outro lugar? mas o lugar é viagem perdida
da porta para fora de casa não há um outro lugar
o lugar possível é a mão precisa da minha colega
arrancando os dedos daquele sujeito um a um de
dentro de seus cachos para fora duma plataforma
o lugar possível era irmos tapar à tinta uns grafitti
nacionalistas de faculdades em Lisboa e no Porto
o lugar possível: qualquer outro que não isto aqui
que implica constantemente em nos dar pontapés
o lugar é trabalho de se fazer apenas com as mãos

desenterrar a força da artéria radial perder casacos
voltar sem contar à mãe :eu não fui a lugar algum:
nem toda labareda obedece às ordens das fervuras
desobedeçamos, pois

ANA LUIZA TINOCO NASCIMENTO

Brasileira, nordestina, potiguar. Co-fundadora do Coletivo "Slam das Minas Coimbra/Portugal", integrante da UMAR (União de Mulheres Alternativa e Resposta) pelo Projeto "Não é não!", um Projeto de combate à Violência Sexual no Contexto Acadêmico. Mestra em Ciências Criminais pela Universidade de Coimbra, com Dissertação sobre a Cultura da Violação e a Culpabilização da vítima. Doutoranda em Estudos de Gênero em Lisboa no ISCSP (Instituto de Ciências Sociais e Políticas).

Poeta.

coentro

évora é a alegoria alentejana da morte

5 mil ossos entre os passos de cristo e o calvário
ossinhos vaidosos que sussurram:
"nós ossos que aqui estamos pelos vossos esperamos".

se vingando através da arte sacra das abóbadas de
tijolo rebocado
e um cobogó
de omoplatas, cimento e cornijas.

a solidão de évora
entre crânios, vértebras e necrofilia
devora.

mas eu suporto porque os músculos têm memória,
a américa latina tem pele de couro,
e há amor mesmo em tempos de cólera.

porque a colômbia é um copo de café
o uruguai carrega o Sol na bandeira
e galeano no útero
a música de porto rico é de rua
e é 13
a argentina faz chover quando fala *lluvia*
o leite de tigre peruano tem olhos de ressaca
e o brasil tem sangue de coentro.
unguento.

um continente sem fémur,
mas que caminha e que tem um Sol pra cada um

e é por isso que continuo encontrando areia
nos bolsos da casa portuguesa.

ANA PAULA VULCÃO

Natural do Rio de Janeiro, vive atualmente em Lisboa. Operária da arte desde que entendeu, por missão e satisfação, dedicar-se a ela. No Brasil era produtora de Arte Contemporânea e em paralelo, colaborou com o Coletivo *Etnohaus*, onde atuava em duas bandas, uma como produtora, outra como percussionista.

Há três anos em Portugal, decidiu plantar por cá, novas sementes, sobretudo na área da música independente. Também reverbera pinturas e poemas errantes pelas redes.

Atualmente produz/realiza eventos como *Festival Pé na Terra*, no Algarve, *Sandeman Stage*, no Porto, *Movimento Reverbera*, pelas ruas, dentre outras produções autônomas, com artistas de diferentes nacionalidades.

Acredita que a união faz a força (e adora clichês).

Terra à vista!

Pisando sob as solas
D'um palhaço
Entretenho-me
Neste mundo lasso

Há perigo entre as esquinas

Vagueando por ruínas
Visto arquétipos sintéticos
Às vezes vou menina
Nem sempre cristalina

Na maior parte do tempo
Mandinga repentina
Enlaçadora de momentos
Quebranto pros contratempos

Rogai, Óh Mãe
Pelos livramentos

Escura!
Onde a luz se faz mais viva

Terra vista,
Do lado contrário do tempo
Sangue que não estanca
Com nenhum tipo de unguento

Mas eu aguento,
Eu aguento.

BRUNA CAROLINA CARVALHO

nasceu em Santos (Brasil). É mestre em Memória Social, jornalista e estudante de Letras na Unirio. Realiza parte dos seus estudos na Universidade do Porto. Autora de *Glauber Rocha, leitor do Brasil*, da Lumme Editor (no prelo).

Trindade

[cena um]

um homem diante de uma placa:
há um conforto em reconhecer
a língua escrita nessa placa.
mas,
(o quê? não percebi)
disse um outro que poderia ser seu bisavô,
a língua que
sai da sua boca
(o quê? não percebo)
não é a língua das placas.
a língua correta
é a das placas e não
a que sai da sua boca.

[cena dois]

uma mulher em uma calçada:
se levantar o rosto,
vai constatar o olhar que sentiu
segundos antes, séculos antes.
aquele mesmo olhar
de vistas sedentas e
abertas até ao meio,
besuntado de hipocrisia
católica, aquele mesmo
olhar de quem poderia ser seu tataravô.
ela desvia para os pés,
agarra-se ao familiar alternado
do preto, do branco das pedras.

[cena três]

uma velha em uma soleira:
tem as ancas, o cheiro,
as meias, os sapatos moleca na cor preta,
os cabelos, a altura e a largueza
da mãe de meu pai,
e da mãe dela.
mas há sapos em sua porta
e sua neta desconfia
dos netos e netas
de uma velha em uma soleira
que tem as ancas, o cheiro,
as meias, os sapatos moleca na cor preta,
os cabelos, a altura e a largueza
da mãe de seu pai,
e da mãe dela.

CARLA MÜHLHAUS

é jornalista e escritora brasileira, autora das novelas *Nos vemos em Marduk* (Patuá) e *À sua espera* (Dublinense), entre uma meia dúzia de livros de não-ficção. É mestre em Comunicação e Cultura pela UFRJ e especialista em Arte e Filosofia pela PUC-RJ. Vive no Porto desde 2018.

Ó menina, onde está seu marido?

As malas. O frio. Era só uma fila de táxi. Era só uma pergunta, a minha. A dele era uma ordem, pré-requisito de existência.

Onde está mesmo meu marido? Muitos pontos acima, ali nas coordenadas genealógicas, bons degraus acima, era uma escadaria aquela que viu rolar a minha avó. Algo como um soco de marido bêbado, foi o que soube. Sobreviveu. Glória, Rio de Janeiro, bem mais abaixo.

Carrinha é um carro grande. As malas. Vieram sozinhas e foram bem recebidas.

O que é um marido mesmo? Pessoa amada ou a que manda?

Obediência no limo da escada. Ela disse que escorregou e bateu o rosto. Dói e sangra ainda hoje, são várias gerações dependentes de analgésicos, uma depois da outra, da outra. Em algumas dói tanto por dentro que se chega a ver por fora, sangue escorrido derramado em culpa torta.

Buracos na pele, degraus acima das feridas, ambos à procura de pomadas existenciais. Emplastram, mas não curam. Dormir com faca embaixo do travesseiro. Pensar sempre em malas e esconder uma debaixo da cama. Não sonhar.

Ainda sou uma pessoa com ou sem marido, gritou o endereço do hotel lá do bolso, mas a voz saiu abafada. Menina sempre fui por dentro, aquela que queria viajar e morar em outras altitudes, ali depois do mar.

O primeiro espelho quebrado. O soco na parede. Os gritos de olhos arregalados.

Molhou tudo depois disso, a água salgada embaçou os vidros, as placas, os números das notas. Não enxergo, moço, e desculpe chamar de moço, fale com meu marido aqui, não sabia que ele também estava no meu passaporte.

A fronteira é masculina. Mulheres são meninas sem nomes, limo frio de sonhos escoltados.

CAROL BRAGA

é de Recife (PE), nordeste do Brasil. é historiadora social, professora e feminista decolonial. Vive em Coimbra, onde cursa doutorado em História contemporânea na Fluc. Produz spokenword, integra a sesla e é coorganizadora do *Slam das Minas Coimbra*.

— **poema:**

minha língua virou ruína
antes deu nascer
minhas raízes criaram asas
minhas músicas
minhas danças
minhas comidas
minhas avós
me deixaram para trás.

enquanto
ouço
meu sotaque me espanto
com a falta de canto
transplanto
as vogais abertas
e o excesso da pluralidade certa
boto uns artigo nos nome
e chego cada vez mais perto
da língua paterna

que alterna
a minha civilidade
da minha bestialidade subalterna.

tomar consciência
da nossa parte bestial
é ter a decência
de admitir a real
vivência humana
mundana, urbana
de ser vista como animal.

mesmo sendo filha
de um ventre livre
ainda me humilha
toda dor que eu tive
ao olhar pros trilhos
e ver que meus filhos
vão valer menos que meu leite.

nego a civilização
imposta pela cana
renego a emoção

paternal e insana
da miscigenação boa
da mestiça que perdoa
ser vista como desumana.

olha com a atenção
que tu mira minha nudez
sinhô não é irmão
e eu não repito pra burguês
vê se não me gonga
que pra mim é uma honra
não ser uma de vocês.

COSTA NETO

é músico compositor, intérprete e produtor. Natural de Moçambique e residente em Portugal.

Homem de cor

Sou balanta, sou kimbundo
Sou badio, marronga ou angular
Continental ou insular
Há quem me chame homem de cor

Tenho nome e apelido
Sou do norte, sou do sul
E como tu, gerado no centro
Bendito esse teu ventre Mamãe

Sou exótico p'ra a folia
Sou selvagem quando incomodo
Sou dos teus quando convém
Sou o tal homem de cor

Dizem que sou do terceiro mundo
E, segundo bocas infames
Neste universo sem primeiro
Nem civilizado sou

Sou maconde, sou forro
Sampadjudo, mandjáku, kinkôngo
Operário e intelecto
Mas só me chamam homem de cor

Sou de lá já sou de cá
Vou, não sei p'ra onde
Com o vento que já sopra
Ora p'ra lá, ora p'ra cá

Sou filho disto
Sou filho daquilo…
Sou filho do vento
Sou filho deste mundo.

DANIEL CRUZ

é paulistano. Graduado em Letras, USP, doutorando em Coimbra. Estuda narrativas de viagens coloniais. Veio a Portugal em 2013 e ainda está. Organiza atividades literárias pelo coletivo SESLA e é coordenador da plataforma *Portugal Slam*.

A língua de Camões
embaça com a minha variante.
Não entende a dinâmica,
a indolência introjetada
por séculos de saliva seca,
pavor e maravilhamento,
perante o acaso de
qualquer esquina.

Viva as urbanidades tropicais
que sabotaram a minha língua!
Viva Sabotage!

E a conversa é sempre a mesma.
Começa em redondilhas:
/mi nha pá triaé mi nha lín gua/
e logo desenterram do inferno
a fúria autoritária
sob a forma dum cavalo de bronze
patrulhando o perímetro da praça.
Mas no rolê sou meio pombo:
rato vagabundo de asa
cagando e andando
na cabeça de estátua.

E roubo.
Tomo tudo,
engulo,
arraso terra,
reparto,
renomeio,
realinho.

Viva o banquete antropofágico
e as vísceras do bispo Sardinha!

Minha pátria é tua língua,
teu fígado e teus olhos,
cozidos,
en la dulzura de mi sangre.
Do Oiapoque ao Chuí,
da Patagônia aos Andes,
nossas veias abertas,
nossos músculos de prata,
nóis e nossos nós.
E chove.
Chove e encharca
a terra
dessa encruzilhada
que nos une.

Chove
e traz revolta,
ou só tormenta do mar,
naufragando no horizonte
os sermões para subalternos
e os versos vira-latas de amor.

E enquanto o mundo
cai
em vogais abertas,
para que se torne mais clara
a voz insubmissa,
reescrevo com uma pedra
um sol azul
tentando desiluminar,
em cada traço,
um apanhado de memórias
absurdas,
dum paraíso desgraçado
sobre lendas,
onde Vieira nunca salvou ninguém
para além dos seus.

Todo fetiche colonial
ainda será celebrado

VOLTA PARA TUA TERRA

no estalo da guilhotina.
Para quem sabe assim
possamos nos reconhecer
como corpos em trânsito,
como cosmos sem donos,
novo amor na primavera da cólera.

Mas não se apegue,
não se iluda.
Meu verso é esquivo e poligâmico:
roça na língua de Camões,
enquanto afia a lança do tupinambá.

DANILO CARDOSO

nasceu em Recife, morou em São Paulo e vive em Lisboa. Aprendeu a escrever no fim do Secundário com as aulas de Redação; gosta mais de ler cidade-gente-presente do que livros desde que nasceu. É licenciado em História, UPE, mestre em Educação, USP e doutorando em Antropologia, ISCTE/NOVA. Reconhece-se como arte-educador. Em Nazaré da Mata, FFPNM, organizou a *Primeira Talvez Última* e a *Segunda Talvez Última* mostra de artes visuais onde começou a experimentar a criação de intervenções/instalações. Sua pesquisa de mestrado debruçou-se sobre a presença e influência de jovens de classe média no *batuque* da Nação do Maracatu Porto Rico, Recife — Pernambuco — BrasiL, 2007-2010, e participa/pesquisa a educação antirracista em Portugal. Considera, desde sempre, a Cultura como Educação. Em São Paulo, aprimorou a prática docente em escolas brancas/privadas com, principalmente, o projeto *O que há de negro em nós?* Publicou duas antologias com suas turmas de Oitavo Ano a partir das aulas de Histórias e das notícias do Agora: *História em Verso* (2013) e *Verso Expresso* (2014). Trocou a sala de aula (2015) pelas funções de um restaurante ao sentir o cheiro da crise política crescente nos últimos anos. Dialoga ainda mais com o passado colonial desde que pisou na cidade onde con/sobre-vive. Teve o projeto *Com a mala na mão contra a discriminação: uma viagem pela história dos nossos direitos* — Escola do Castelo, 4º Ano, 2019 — escrito, principalmente, pela sua bagagem de mão "illegal". A saudade só aumenta. Tenta fazer da terra que pisa aquela que dizem não ser sua, diariamente. Coordena o Grupo EducAR (Educação Antirracista) e elabora/executa projetos antirracistas desde 2018. É autor da obra *Educação pela pedra* (2020) e integra a Associação de Professores de História e a European *Networking Against Racism* (ENAR). Sua primeira publicação está no forno: *Notas de um (auto)exílio.*

Estran(ho|li)geiro

O barco veio pelo céu
e aterrizou neste mar.
Minha bóia sou eu.
Que saudade de lá!

Será de lá?
Será de mim?
Será do cais ou
do que ficou pra trás?

Monstro
marinho
em todo
lugar.

Como voltar?
Quando voltar?
Voltar pra ficar?
Ficar pra voltar?

Estrangeiro
é um
estranho
ligeiro.

Daqui, de lá ou aqui?
O que fazer agora?
Lutar de mentira?
Querer ir embora?

O tempo é bússola.

DELMAR MAIA GONÇALVES

nasceu em 5 de Julho de 1969 na República de Moçambique. É Presidente do *Círculo de Escritores Moçambicanos* na Diáspora (CEMD) e venceu o *Prémio Nacional de Literatura Juvenil Ferreira de Castro* em 1987, o *Galardão África Today de Literatura* em 2006 e o *Galardão Mozapaz de Literatura* em 2019

Zé pecado e o dueto preto e branco

Zé Pecado
foi para o lado dos negros
e levou um empurrão
com um clamor de vozes:
— Sai daqui seu misto sem bandeira,
sai daqui seu misto sem bandeira!
Com lágrimas vertendo
foi para o lado dos brancos
onde ouviu um eco de vozes clamando:
— Sai daqui seu preto, sai daqui seu preto!
Perante tal situação,
Zé Pecado arregaçou as mangas
e desesperado gritou:
— Somos irmãos
negros e brancos
somos irmãos!
Reina desde então
um silêncio suspeito.

DUDA
LAS CASAS

é brasileira, nasceu no Rio de Janeiro. É artista visual, poeta e diretora de tv e cinema. Atualmente vive em Lisboa, onde cursa a especialização Artes da Escrita, na Universidade Nova de Lisboa e prepara seu primeiro livro de poemas, *Viseira*.

Mal entendido

sou brasileira
mas não quero
fuder com você

DULCE SEMEDO

nascida e criada em Lisboa, de origem Cabo-verdiana, a alegria e o otimismo a caracterizam como pessoa. Acredita na vida, tem fé em tudo que emana luz e bondade. Gosta da natureza, de se sentir parte dela, de apreciar a beleza do mundo. É solitária e gosta de o ser, e acredita que é necessário para encontrar o equilíbrio e a identidade de cada um nessa individualidade que muitos têm medo de se ver refletir. É recepcionista hoteleira de profissão e gosta dessa troca constante que se cria em cada mundo novo que lhe apresentam. Não é licenciada em Letras nem nada que se pareça, mas soube desde sempre que estas eram suas únicas companheiras desde tenra idade, para que se refletissem através delas o que de mais sincero lhe nascia na alma e submergiam o coração, musica e poesia.

Ouvidos

Ouço o ruído o altruísmo
os insultos a pequeninez

Ouço os risos o cair das lágrimas
ouço o silêncio de quem me fez

Ouço com urgência vozes que gritam
Ouço o desamor a pressa das vidas eruditas

A incerteza inerte onde a mim me impõem a cor

Onde ser preto importa face uma tela
és uma fervura branda, sem consciência
face ao silencio das ruas
face ao silêncio do mal que é

Ouço a voz de uma nação descrente
que não sabe se reconhecer
que ser diferente é indiferente

pra quem mata a minha alma possa
                                    livremente viver

Pra quem na verdade não quer ver
que a falta de empatia nasce com preconceito

dos mesmos que me falam de amor
mas que nada vêm além da minha cor

Óh menina!
que te aprende o mundo a esconder a dor
ensinando a tua pouca existência
o significado da vida e o seu dissabor

Que Portugal não é terra tua
e que longe nunca
pertencerás ao mundo
se ela África não for

Que bebam do teu jugo, as vozes altivas
amedrontado pelo teu viver
que sem conceito no meu peito
a vida possa — continuamente — acontecer

Sempre que a dúvida se fizer prevalecer
hei de te escolher
grandes serão as tuas proezas
se nesta vida te fizeres valer

Mais do que as senzalas
do que os musseques
erguendo a voz pelo teu povo
e os rios mundanos que com ela segue

E com a certeza que
nenhum homem possuirá
                    o mundo
sem que das tuas entranhas
a vida pudesse acontecer

ELIZABETH OLEGARIO

possui graduação em Letras — Português e Literaturas, pela Universidade Federal do Rio Grande do Norte (UFRN). Mestra em Comunicação e Culturas Mediáticas, pela Universidade Federal da Paraíba (UFPB). É doutoranda em Estudos Portugueses: Área de Especialidade: História do Livro e Crítica Textual, pela Faculdade de Ciências Sociais e Humanas, da Universidade Nova de Lisboa (NOVA FCSH). Integra o Grupo de Investigação: *Leitura e formas de escrita* vinculado ao Centro de Humanidades (CHAM — NOVA FCSH) unidade de investigação inter-universitária vinculada à Faculdade de Ciências Sociais e Humanas da Universidade Nova de Lisboa e à Universidade dos Açores. É bolseira de doutoramento, da Fundação para Ciência e Tecnologia, de Portugal, — SFRH/BD/145768/2019. Tem poemas publicados nas revistas *Mangues & Letras*, da UFRN; *Substantivo Plural* (Natal/RN); *InComunidade* (Portugal); *Caliban* (Portugal) e crônicas na *Revista Gerador* (Portugal); *Jornal A União* (João Pessoa/Paraíba), *Revista Ruído Manifesto* (Cuiabá/ MT) e no *Portal Potiguar Notícias* (Natal/RN). Vive em Lisboa.

Lesbos

Enquanto alguns
aproveitam as férias
no mar azul da Itália:
Camogli, Baia del Silenzio, Monterosso
Ilha de Elba, Chiaia di Luna,
Costa Amalfitana e Spiaggia dei Frati.
Mulheres e crianças em longa espera se desesperam
ao ver os corpos de outras tantas crianças
serem levados pelas correntes do Mar Adriático.

Se isto fosse um poema
os leitores se lembrariam que Safo
também teve seu corpo levado
por estas mesmas correntes.
Mas isto não é um poema.
E os corpos negros, migrantes e pobres
jamais serão lembrados.

Ser um refugiado é estar desapossado de si.
É ser um corpo esperançoso equilibrando-se sobre a morte.

Ser uma mulher refugiada em um campo de refugiados
é estar em delito.
É preferir dormir com fraldas
a ter que ir, à noite, à casa de banho.

De que servem os valores humanitários?
De que serve a poesia em Camp Moria?

A poesia de nada serve.
Nunca houve humanidade,
foi por estar certa disto
que há 2.600 anos Safo
lançou-se do penhasco de Lêucade.
Os fragmentos de seus poemas
sobreviveram à ruína.
Os imigrantes que vagam em botes
no mar Egeu desaparecerão,
pois não nos interessam as suas vidas,
nem as suas histórias.

Cinco mil e quinhentas pessoas
foram jogadas em Moria.
No campo, concentração de corpos.
sírios, iraquianos e paquistaneses.

Desconcertados.
Empilhados.
Lesbos tornara-se a ilha do desespero.
Coletes já não salvam.
A poesia de nada serve.

Recita Ro-La, uma jovem síria
«A vida é um inferno em Camp Moria».

Enquanto corpos são levados
pelas correntes do Mar Adriático,
enquanto Ro-La recita o verso da morte,
enquanto Safo lança-se todos os dias,
do penhasco de Lêucade.

Um turista de férias repete todas as manhãs:
Che bello l'azzurro del mare italiano.

ELLEN LIMA

é professora, artista, poeta e mestra em Artes. Nasceu no Rio de Janeiro e é indígena de origem Wassu Cocal (Maceió-AL). Atualmente cursa o doutoramento em Modernidades Comparadas: Literaturas, Artes e Culturas na Universidade do Minho, em Braga, onde mora.

Outro erro de português

Peró chegou e mandou que parasse o
nhen, nhen, nhen.
A-nhe'eng abé
Oro-nhe'eng também,
nhen, nhen, nhen,
nhen, nhen, nhen,
nhen, nhen, nhen.

De castigo, cortaram nossa língua
no tempo e no espaço.
Suspenderam os cafunés e abraços
da voz dessa mãe daqui.
Mas um dia,
ainda cortamos a tua língua
e oro-karu com abati.

Glossário:

nhen, nhen, nhen — é uma expressão popular na língua portuguesa que significa falarório ou murmúrio (quase sempre sugerindo que quem fala é monótono ou está aborrecendo o interlocutor). A expressão "deixar de nhen, nhen nhen", quase sempre sugere que o outro pare de queixar-se e execute uma tarefa que lhe foi dada.

nhe'eng — Verbo falar em Tupi Antigo (possívelmente o radical de onde saiu a expressão popular).

peró — português.

a-nhe'eng — eu falo.

oro-nhe'eng — nós falamos.

abé — também ou igual.

oro-karu — nós comemos.

abati — millho.

ETIVALDO FRANCISCO CAMALA

é natural da Guiné-Bissau e vive em Lisboa há quase 8 anos. É autor de dois livros, o primeiro *Os dias eram assim* (Chiado books, 2019) e *Amor e Guerra* (Chiado books, 2020).

para minha querida mãe, Odete António Sambé.

Minha querida,

lembro-me claramente quando, de modo pouco categórico e com tamanha infâmia, alguém do outro lado da rua gritou: *ó preta de merda, volta para a tua terra!*

Aquilo foi uma bala perdida que acabara no teu peito...

O tiro racista atingiu-te em CHEIO!

Amo-te, não por seres preta, ou de beiços grossos e de pele macia, Amo-te, porque conseguiste cirurgicamente retirar a bala racista que te atingiu naquele ano fatídico e de tanta cólera,

Amo-te, porque és o escudo que encontro na luta contra qualquer tipo de violência,

Amo-te, sim, porque és preta, e todos adoram o teu sorriso puro e genuíno,

Amo-te, sim, porque me ensinaste que a normalidade e a igualdade são ideias imbecis e velhas. — A tua alma é generosa e limpa!

Amo-te, porque és assim, e tudo isto, PRETA!...

FLÁVIO CATELLI

nasceu em Bom Jesus de Goiás, 1992. É Ator, encenador, dramaturgo e diretor artístico do *NUDE*, Companhia de Teatro Experimental. Reside atualmente no Porto, onde dedica-se a estudar linguagens e dramaturgia com profundidade em obras que retratam o cotidiano e as questões sociais inseridas no dia a dia da vida brasileira/portuguesa.

o café está frio

não me aquece como antes

as conversas ao redor da mesa

já não existem

mas os olhares constrangidos

                    persistem

                        insistem

Gostaria de contar-lhes

sobre coisas boas que a terra dá

e não sobre frases

camufladas (boas intenções)

mãezinha não precisa ouvir sobre ódio

quando só existe saudade no seu coração

as paredes comprimem o choro que inicia

avançam pela madrugada em

        silêncio

estamos sozinhos, por muito tempo estivemos

até quando será que dividiremos nossos caminhos?

Há tantas histórias para

        contar

        celebrar

partilhar   aprender

e eu que nem gostava

aprendi a colocar bagaço

na bebida para me aquecer

pois pra nós, o café desse lado

sempre esteve frio.

FRANCISCO MATEUS

é jornalista e escritor nascido em 1996 em Curitiba. Escreveu em 2017 o livro *Tratos à Bola: a cultura, o cultivo e o uso da maconha no Brasil*. Mudou-se para Lisboa em 2018, onde faz mestrado em Cultura e Comunicação.

Dupla cidadania

eu, eu mesmo
luso-brasileiro
trásmontano
curitibano

do tipo que
ignora documentos
e apresenta a fala
como prova de identidade

um número qualquer
no senso português
uma cabeça agregada
às rodas de brasileiros

mas entre ser
colonizado ou colonizador
prefiro ser sujeito
de amplo repertório

aquele que conhece
os movimentos do kata
e os caminhos do deboche
para afastar faxos e coxas

aqui, zero interesse
em respeito de fachada
mais vale a resistência
por golpes e palavras
no aqui e no agora

FRANCISCO WELLIGTON BARBOSA JR.

é sertanejo e poeta nascido em Quixeramobim-Ceará. Doutorando em Estudos Culturais (UAveiro/Portugal). Mestre em Literatura e autor das obras *Impermanências* (2016) e *dos males da falsa hóstia ou a história em que uma hóstia me engoliu* (2019).

desilusão

I

quando aqui cheguei
pensava as casas
ruas
vidas
mundos-poesia

era uma vontade de andar
de descobrir
palmo a palmo
esses mundos
por cujas ruas
imaginava:
em mim
eu me perderia

quando aqui cheguei
mal sabia
os homens que gritam

que ameaçam
que agridem

homens
que jogam sal
sobre nossas
abertas feridas

mal sabia
estes salazares
estes cabrais
estes tantos
genocidas

que em silêncio
se proliferam
seguem
matam

— e mortos
ainda vivem

II

hoje
entre estes versos
o índio em mim grita
o negro que sou
sente o açoite
— um vermelho rio corre

eu-sertanejo
triste
sigo
esperançoso
e triste

sonhando um dia
correr
gritar ao mundo
rasgar o som
rasgar-me o peito
rasgar-me este corpo
implodindo

ainda que morra
no instante seguinte

GABRIELA CARVALHO

é brasileira, vive e trabalha no Porto, Portugal.
É pesquisadora, escritora, artista e curadora de
exposições. Atualmente faz um doutoramento em
artes plásticas na Universidade do Porto. Se interessa
pela prática artística em territórios de fronteira
geográfica, institucional e de linguagens.

Cortaderia

Plumas peroladas de sol
tingem o outono de campos dourados
na beira da estrada,
na beira da praia,
nos terrenos baldios.
Cresce fácil
planta forte
raíz funda
folha de corte.
Na beira.
Se fortalece aos montoados,
fecha passagem, toma caminho.
Um mato tão chulo de brilho
corta a língua da pele,
a linha da estrada,
a fronteira da casa.
Trazida de navio há séculos,
era pra ser só ornamento.
Servir a decorar as mesas de maciça madeira,
servir a dourar os caminhos contidos,

ser domesticada, educada,
colonizada.
E até foi!
Mas sabia do vento,
da terra fria,
da língua imigrante,
da margem fronteiriça.
Esperou setembro chegar,
soltou a pele da pluma ao vento,
cobriu o ar, os pulmões e os olhos.
Entrou pelo encantamento
tomando forma,
conquistando abismos,
explorando vazios.
Descobridora de terrenos baldios,
invasora da terra que lhe invadiu.
Hoje fala alto,
ri muito
e brilha, brilha sim e por todo lado.
O jornal de ontem dizia:
pode até ser bonita,
mas não devia estar por todo lado.
O que tem de delicadeza
tem em proporção afiada.

O governo pede extermínio,
que as pessoas não alimentem,
que lhe imponham o controle:
Cortem as ervas!
Queimem as plumas!
Alteram a paisagem nativa,
desestruturam as tradições locais,
desconstroem as ruínas,
os tempos abandonados.
Tão ameaçadora quanto ameaçada.
Tão daqui quanto de lá.
Invasora,
incontrolável,
— Tuas mãos já não me arrancam as raízes.

GABRIELA GOMES

é escritora e mestre pela Faculdade de Letras do Porto. Natural de Niterói, vive no Porto desde 2017. Tem um livro publicado do Brasil, *Acidentes Tropicais* (Quelônio, 2019) e dois em Portugal, *Cloro* (Flan de Tal, 2019) e *Língua-mãe* (Fresca, 2021).

língua-mãe
(jump to jhumpa)

quando você vive em um país
onde a sua língua é considerada estrangeira
você pode sentir um sentimento
contínuo de

estranhamento
tudo
o que
você
fala
tem som
de
segredo

ser
mãe
é
ser um
dialeto

                              segredo

                              no fim

                        é sempre silêncio

por muitas horas
eu me
esqueci das outras línguas
que falava

quem eu era?
                two faced janus

                              olha pra frente

olha pra trás

                        a maternidade é
                           presente
                              é
                              o
                           presente
                        não dizem?

ler em uma outra língua
requer um perpétuo
estado de crescimento
requer um perpétuo
estado de possibilidade

eu sei
que por ser uma aprendiz
o meu trabalho nunca vai acabar

      as mães são todas aprendizes

porque todos os dias
fica
uma palavra
por aprender

dizer

eu escrevo
         MÃE
em instinto
em erros
sem dicionário
        sozinha

eu escrevo

MÃE

como se estivesse escrevendo com
a mão esquerda

eu não reconheço
a pessoa que está escrevendo
esta nova língua
mas eu sei que é
a pessoa
mais genuína
e mais vulnerável
possível
esta nova língua reflete
um estado
radical de transição
um completo
estado de

perplexidade

uma espécie de
ato literário de

sobrevivência primitiva
incerta

escrever em um diário me faz sentir como se estivesse
me fechando em uma casa
isolada conversando comigo mesma
mas neste caso
neste caso
eu preciso que
eu preciso que essa escrita
vá para fora

é como se eu nunca tivesse escrito
nada na minha vida

eu não tenho referências

eu nunca
me senti tão
estúpida

"ela estava suspensa no tempo
como uma pessoa sem sombra
e ainda sim ela estava viva"

ela sentia-se ainda mais viva do que nunca
ela não sentia-se mais ela mesma naquelas roupas
por que eu escrevo?

para investigar o mistério da existência
para investigar o mistério da minha existência
para me tolerar
para chegar mais próxima
de tudo que está fora de mim

minha filha
fora
de mim

escrever agora
é a minha única maneira
de absorver
e organizar
a vida

eu pertenço às minhas palavras

quanto mais eu entendo
essa língua
mais confusa eu fico

e no meio dessa ponte
eu me encontro
suspensa
nem aqui
nem ali

nebulosa
como uma névoa

as
pontes
são
a única
maneira
para chegarmos
a
uma nova dimensão

toda frase
que eu escrevo
nesta língua-mãe
é uma pequena ponte que precisa ser construída
e depois atravessada

eu prefiro
estar suspensa
antes
de estar
enraizada

eu quero proteger

essa língua
imperfeita

não me traduzam
a tradução
devora
a
lingua
mãe

não me traduzam

por que essa língua
não me conforta?
não me traduzam
e porque eu amo
tanto esta língua
mesmo estando desconfortável?

publicar um livro em outro país
ter uma filha em outro país todas
essas formas
são
formas
suspensas
do existir

nenhuma paixão por uma língua é tão forte
quanto
àquela
que te faz
parir
em outra
terra

HILDA DE PAULO

nasceu em Inhumas-GO, Brasil, 1987. É travesty artista e curadora independente, membra fundadora da *Cia. Excessos* e da *Revista Performatus*, e organizadora e diretora da *Mostra Performatus.*

Eu Gisberta

Gis.ber.ta
substantivo próprio feminino

1) Se a única forma consequente de evocarmos os mortos é cuidando dos vivos, resgatemos aqui o novelo de exclusões que sucessivamente aprisionou a transexual Gisberta Salce, mas que se desfez finalmente com a sua morte, sujeitando o vazio sobre o qual foi forçada a construir toda a sua vida. Judith Butler, em *Quadros de Guerra: Quando a Vida é Passível de Luto?*, sugere que as escolhas da vida são práticas sociais, que definem quais vidas serão choráveis quando terminarem. A vida reconhecível de Gisberta foi somente a tatuada pelo tempo em que viveu na cidade do Porto (Portugal), primeiro como estrela em cabarés e boates gays, imitando a cantora Daniela Mercury, depois como um fantasma demasiado presente por conta de uma história de violência e transfobia.

2) Canção "Balada de Gisberta", de Pedro Abrunhosa do álbum *Luz*, lançada em 2007: *Perdi-me do nome,/ Hoje podes chamar-me de tua,/Dancei em palácios,/Hoje danço na rua/Vesti-me de sonhos/Hoje visto as hermas da estrada,/De que serve voltar/Quando se volta p'ró nada.// Eu não sei se um anjo me chama,/Eu não sei dos mil ho-mens na cama/E o céu não pode esperar./Eu não sei se a noite me leva /Eu não ouço o meu grito na treva,/E o fim vem-me buscar.//Sambei na avenida,/No escuro fui porta-estandarte,/Apagaram-se as luzes,/É o futuro que parte./Escrevi o desejo,/Corações que já esqueci,/Com sedas matei/E com ferros morri.//Trouxe pouco,/ Levo menos,/E a distância até ao fundo é tão pequena,/No fundo, é tão pequena,/A queda./E o amor é tão longe,/O amor é tão longe/E a dor é tão perto.*

3) Fragmentos do livro *Indulgência Plenária,* de Al-berto Pimenta, lançado em 2007 pela editora &etc (Lisboa, Portugal): *A tua vida/foi o teu pecado/Gisber-ta* (p. 24); *E as tuas unhas/e a tua língua/iam passando/ iam-se fixando/arranhando/camada sobre camada/a cama doutros corpos/Aliados e concorrentes/reconhecidos velhos/e conhecidos novos/E/sendo também arranhada por eles/e gostando mais de o ser no corpo/que no Espírito/que con-servaste intacto e sem malícia/Inatingível/a tudo e a todos*

(p. 13-14); *Então sentas-te/e Procuras a tua mão/para entrares no teu romance* (p. 36).

4) Primeiro ano do ensino médio, Colégio Zênite, Inhumas, Goiás, Brasil, 2001: "(…) tenho um corpo e tudo o que eu fizer é continuação de meu começo" **[1]** complemento-me com pedaços de um espelho partido ao me ver aqui no invisível visível daquela manhã. Não há vida vivida, reina uma substância colorida intocada em meu corpo. Ela profere banalidades que não sei exatamente o que são. A palavra punheta — dita por um garoto mais velho do que eu — foi corrosiva para meu ser como aquele momento era. O beijo de piedade — "você é gordo, mas beijo-te ainda assim" — feria-me ainda por ter sido devorado há pouco tempo; culminava por fim no distúrbio da minha magreza. Havia já em mim o sexo-seco ganhado em anos atrás por aquela mão que me tocou, como existia também a indelicadeza do companheiro de trabalho de meu pai ao me dizer que minhas pernas infantis eram belas. Continua ela a dizer palavras que dizem a mim sobre mim. Sou (re)construído por sua mão. Estou parado, inquieto a olhar sem nitidez tudo o que me rodeia. Ela ainda grita, urra, bate na mesa e, por vezes, apoia-se a ela. AQUI DENTRO DO MEU COLÉGIO É PROIBIDO

USAR CALCINHA COR-DE-ROSA. LÁ FORA, VOCÊ PODE USAR À VONTADE. Não entendo o que seria a veste cor-de-rosa que profere, já que tudo em mim superficialmente tornava-se cinza, excetuando a pulseira de cor alaranjada com espetos prateados que estava afivelada em meu pulso. Rebaixar-me simbolicamente perante uma sala de trinta e quatro alunos, o mesmo número da página de meu livro, foi a tarefa da diretora durante aproximadamente uma hora. Sua missão intercalou-se entre as aulas de biologia e de física. Sonhei essa noite que podia voar e aprimorava isso com o meu corpo sobre corpos assombrações, vultos, de mortes não morridas, meu Deus. Alguém me tira daqui, por favor. Matheus, onde jaz você em mim que não se revela na realidade? Eu apenas te amei e você acovardou-se por isso. "Se eu soubesse que o amor te envaidece/ Não teria dado a chance que eu te dei." [2] Sensibilidade já estacada que arca com tudo que me acontece. Uma pessoa jaz no fundo do poço, gotas escorrem do meu nariz e caem sobre o diário, que permaneço a olhar onde escuto tudo o que me é dito. Velha maldita como as plantas víboras que se torciam no jardim daquele colégio. Estou cansado, apenas isso. NA SUA FICHA DE MATRÍCULA ESTÁ ES-

CRITO SEXO MASCULINO E NÃO PONTOS DE INTERROGAÇÃO, EXERÇA SUA FUNÇÃO. O cansaço deixa-me estático, mudo como um grito sem cor, sem fluxo sanguíneo. Cospe-me palavras duras ainda assim como a eternidade de uma morte que não chega em mim. Não joga pedra na Geni; dói muito, machuca muito. Apoio-me no meu passado escrito naquele momento como armadura dessa guerra. Amores, sofrimentos, emoções, desejos, sonhos, esperanças etc. encerram-me em mim. Minha voz torna-se o sussurro de uma mulher que canta para a criança que quase dorme no berço do quarto construído-concebido-logicamente para sua sobrevivência normativa. "É de graça, coma que é por nossa conta, esse apetitoso salgadinho!", haveria ela de me dizer sorrindo daqui duas semanas por conta do medo de a sua brincadeirinha ter ultrapassado o limite, já que o que me feriu foi apenas eu existir.

A terceira frase memorável de todo o discurso instaurado nesse campo de batalha perdeu-se com o tempo em meu ser como o branco imaginado de um segundo após outro segundo marcado pelo ponteiro do relógio que anunciaria a qualquer momento o bem-aventurado recreio. "Não fugir, mas ir" [3] de encontro ao incomensurável destino. Corro, mas não consigo partir; o corredor com as vozes humanas permeiam ainda quando vejo o portão trancado especialmente por ela em mim.

5) ...silêncio, SI-LÊN-CIO... Em fevereiro de 2006, treze adolescentes — parte deles, alunos da Oficina de São José — instituição localizada na cidade do Porto e encarregada de acolher crianças, mantinha ligação com a Igreja Católica e era parcialmente subsidiada pelo Estado português —, agrediram, torturaram e abusaram sexualmente de Gisberta durante vários dias na construção inacabada da avenida Fernão de Magalhães, onde ela vivia em situação de indigência. (*Um jovem branco e loiro de dezesseis anos, que se sentia protegido pelo grupo dos treze adolescentes, entra em cena para pedir a eles para pararem, mas com uma total ausência de compaixão ao omitir auxílio à Gisberta.*) No final dos dias, seis dos jovens voltaram ao local e, achando que ela estivesse morta, resolveram se livrar do corpo. Primeiro pensaram em queimá-la, mas depois acabaram mesmo por decidir jogar o corpo de Gis num poço de 10 metros de altura, na esperança de que ele afundasse. A BRASILEIRA acabou morrendo afogada... 45 anos, pobre, transexual, profissional do sexo, toxicodependente, soropositiva... No dia 22 de fevereiro, um dos jovens teve uma crise de consciência e contou o que tinha acontecido a uma diretora de turma. No mesmo dia, o corpo foi retirado do poço pelos bombeiros. (*Entram os brancos e os ricos Estado e Justiça portugueses a tentar culpabilizar a vítima e "abafar" publicamente o caso.*) O julgamento começou no dia 3 de julho e durou 29 dias... "Inocentes criancinhas" em "uma brincadeira de mau gosto que correu mal". MEU NOME É GISBERTA. FUI TORTURADA, VIOLADA, ASSASSINADA. PARA A JUSTIÇA, EU MORRI AFOGADA E A CULPA FOI DA ÁGUA.

6) "Apesar de tudo, (a guerreira) morreu com um sorriso" **[4]**.

7) Gíria "fazendo a Gisberta": expressão para designar uma criança enlouquecida que cantava e dançava Daniela Mercury no último volume na casa da bela avozinha, como eu.

8) ...há algo muito errado, pois o abismo está nos corações das pessoas... é como uma visão intimista de viver um sonho enquanto se está preso dentro dele, no qual a solidão e a dor se encontram e ficam ainda mais intensas depois que as luzes se apagam.

9) Eu + Gisberta = Eu Gisberta.

NOTAS

[1] LISPECTOR, Clarice.(1998). *Perto do Coração Selvagem*. 1. ed., Rio de Janeiro: Rocco, p. 20.

[2] Canção "Chama", de Nila Branco, do álbum *Parte II*, lançada em 2001.

[3] LISPECTOR, Clarice. (1998) *Perto do Coração Selvagem*. 1. ed., Rio de Janeiro: Rocco, p. 196.

[4] "Morte de Gisberta fica sem culpados". *Jornal Correio da Manhã*, Lisboa, 28 de março de 2008. Ver em: <http://www.cmjornal.xl.pt/nacional/portugal/detalhe/morte-de-gisberta-fica-sem-culpados.html>. Acesso em: 12 de novembro de 2015.

HUGGO IORA

nasceu em São José, Santa Catarina. É pai, poeta, marido e mestrando em Biocinética na Universidade de Coimbra. Tem dois livros de poesia publicados, além de contribuições em revistas literárias.

Poema como arma para acabar com fascistas

Em algum árido lugar na Somália
um homem negro, com impressões digitais gastas e
genoma único
maxilares nus
a carne fria em agonia
a esperança perdida
a família explodida
por uma bomba lançada de sabe-se lá onde
por causa de disputas por poder e ouro
rasteja nas suas últimas e lentas horas
sem muita demora
sem esperar mais nada a não ser
que a morte, sem lhe cobrar encargos, o leve logo
deste mundo sem compaixão.

Enquanto nos Estados Unidos
o presidente, com seu bilionário corte de cabelo
gaba-se de seus avanços nucleares
e barreiras territoriais

tendo tempo ainda para piadas banais
sobre os refugiados

perante uma plateia que o aplaude e o ovaciona
cada um dali, também, com impressões digitais ímpares
e único genoma.

IRMA ESTOPIÑÀ

nasceu em 1989, em Barcelona, mas mora atualmente em Lisboa. É licenciada em psicologia, pós-graduada em sociologia e é arte-terapeuta. A sua poesia versa sobre a existência, a mulher, o amor, a identidade e a desconstrução e reconstrução das palavras e dos seus sentidos. Em 2011, ganhou o prémio *Picasso en lletra* do Museu Picasso de Barcelona, na categoria de microconto. Realizou alguns projetos poéticos junto com amigos fotógrafos e artistas, como a exposição e recital *Punto de Mira*, em Barcelona (2014). Apresenta livros e participa de eventos poéticos em Lisboa. É uma das criadoras e organizadoras da roda de poesia *Ginginha Poética*. *Espiral* é o seu primeiro livro de poesia editado pela editora Urutau (2019). Foi publicada na Antologia Zine de Poesia e Ecofeminismo, *Meu Útero é uma Bomba!* (2020, P'ARTE) e na revista literária independente *Tlön* nº 5.

Metade da minha alma

Espero algum dia
poder alcançar a tua luz

sentir-te como refúgio
na cabeça onde todos dizem
que penso demais

Nas três línguas
(e meia)
as palavras vivas
contenho

     — fluxos e refluxos
de uma maré atlântica —

queria
— te
carregar nos pés
a chuva e o vento

(seria capaz
de viver na tua chuva
só para ver o sol
dançar)

queria
— te
construir calçadas
de patrimónios diversos
onde cair
ou deslizar a coragem

e dizer-te sem vergonha que:
*"meitat de la meva ànima és feta de maresia"** *
mas tal vez não entendas
o princípio

Corrigiria:
*"metade da minha alma é feita de maresia"** *** *

---

* Tradução ao catalão do verso do poema Mar, de Sophia de Mello
Breyner, menos para a palavra "maresia" que a autora decide deixar
no seu idioma original.

** Verso do poema Mar, de Sophia de Mello Breyner.

Essa metade implica
o mundo inteiro
implica
poder transpor a linha de água
entre
— tu
— eu
— e todos nós.

IVAN BRAZ

nascido em Feira de Santana, Bahia, é estudante
de Letras e co-organizador do *Poetry Slam Coimbra*.
Integra o coletivo *SESLA*, grupo atuante em atividades
performáticas na área da escrita e leitura.

O facão da vovó

vó liberina era
velha e cansada de dizer
estudada de planta
doutora em folha
e outros etceteras
ou seja
muita coisa
só de olho e de fazendo
nunca saiu da bahia
e tenho dúvidas
se alguma vez soube
d'outro lugar além
passada a venda de dona bertulina
tudo era longe de pés
perigoso no comprimento
e mais perto do diabo
gostava era daquele remédio
biriba aos domingos, história mentirosa
carne com farofa
o dia inteiro se pudesse

andava para lá e para cá
com um facão guardado na bainha
pro caso d'uma situação apressada
na feitura de justiça
morreu sem ter me visto
atravessar o mar pelo céu
e botar meus pés num lugar
muito longe de *baixa grande*
mais perto do diabo, ela diria
(até a noite chega quatro horas antes)
às vezes queria tê-la ao meu lado
vendo toda essa gente
rindo do meu jeito de falar
oxente

tu sente

assim?
cismo
ano passado mataram duas mãos cheias
de gente que não conjugava bem os verbos
na segunda pessoa do singular
às vezes queria tê-la ao meu lado
só para perguntar
vingança é caso de justiça?
se for

IVAN BRAZ

tu me empresta o facão?
não gosto de lavar as palavras
eu
prefiro afiá-las
cortantes, secas, duras como o facão de vovó
perfeito para cortar a língua portuguesa

JAMILA PEREIRA

nascida e crescida em Massama, Sintra, Portugal, e atualmente em Leeds, Reino Unido para fins educacionais. É uma estudante de Relações Internacionais e Desenvolvimento. Sua voz segue a defesa do pan-africanismo, luta contra as desigualdades de gênero e consciência pró-saúde mental. Vive na ansiedade de querer criar um ambiente resiliente e seguro para todos, sem que haja qualquer tipo de discriminação ou hostilidade por perto. Faz apresentações/seminários mensais de poesia/*spoken word* para compartilhar a sua perseverança e lutas. É uma crente pia que a equidade entre gerações é a base para o sucesso e o desenvolvimento, portanto, investir na juventude deve ser percebido como a chave para um sustento próspero.

Bissau, Nha Amor

Cara Bissau, o que aconteceu contigo, minha amada?
Onde está a vigorosa pátria do crioulo
e dos hipopótamos dançarinos de Gumbe,
sobre a qual ouvi falar incansavelmente?
Tu és muito mais do que a tua etiqueta Ocidental
de um "narco-estado".
Por favor, diz-me que a tua alma revolucionária
e tua vontade de brilhar não foram enterradas
com Cabral e Silla.
Eles partiram há muito tempo,
seguidos pela respiração que nunca recuperamos.
Os teus filhos, assim como eu,
perdem-se cada vez mais na falacia da imigração
enquanto aguardam pela verdadeira mudança
enquanto os portugueses te violavam e agrediam,
a Guerra Fria e o comunismo também te esgotavam.
Sem vergonha, sem remorso
— apenas castanhas de caju
e cabacera para alimentar o teu rebento.

O apreço e a gratidão por elevares os teus irmãos,
isso tu ainda não testemunhaste
enquanto os teus amantes do nacionalismo
se juntam ao movimento da infâmia eterna
e da impunidade,
eu pergunto-me como é que todos eles esqueceram
que tu já foste governada por reis gloriosos
como Sundiata?
Cara Bissau, tu nunca cicatrizaste sinceramente
de todos esses relacionamentos sádicos
e é isso que está a acontecer.

JAQUELINE ARASHIDA

nasceu em São Paulo e é neta de imigrantes japoneses e bisneta de imigrantes italianos, espanhóis, portugueses, africanos e indígenas. É artista visual e vive atualmente em Lisboa.

Espaço

não falamos a mesma língua
sinto o eco desta frase
e ainda são nove da manhã
o sol não aparece mais pelos cantos da casa
novo empreendimento, disseram
vejo da minha janela que parece uma varanda
mas não há espaço para eu sentar
não caibo
nem me encaixo

três mulheres falam alto na rua
ninguém atende não, senhora
ontem já foram outras que tentaram
escuto enquanto lembro da época
das cabines telefônicas
e do desamparo de quando não atendiam
do outro lado
o desgaste do corpo vem em pequenas doses
de dúvidas e indiferenças

onde
já
se
viu

eu preciso aprender a falar como eles,
o paulo disse
eu preciso aprender a não dizer olá
com tantos sorrisos,
a maria avisou,
isso não é bem visto
a felicidade nem sempre é bem-vinda

eu quero saber o motivo
mas já são nove da noite
e eu só lembro
que enquanto questionam a minha língua
eu penso nesta varanda que mais parece uma janela
e espero que um dia ela seja maior
para quem sabe, assim,

eu consiga me encaixar

JEAN D. SOARES

é músico, investigador em Filosofia e desenvolve
projetos de convivência em espaços públicos.
Vive entre Minas e Portugal.

Em setembro

Destruir Manhattan e tudo o que for parecido:
eis o teu desejo menos cruel,
mais natural, sensível e afetuoso ao mundo.
Destruí-la sem pensar no sangue, o inevitável,
num sonho em que os desejos impossíveis
insistem em ser perversos e prováveis,
estampados em manchetes de jornal.
Destruir, sim, mas não pelo gosto banal
da violência gratuita.
Desejas só um pouco mais de possibilidades
e sonhas com a guerra primitiva,
quando tudo se faz e desfaz em meio a serração
de inverno,
com as velhas flechas afiadas em sangue do cipó.
És botocudo e não sabes,
esconde de ti o teu segredo mais raro.
Mas vá e retorna à Elegia,
consola-te com a sublime tragédia de teu niilismo
sublime, citadino e tradicional,
e se destruir Manhattan descobrirás

não saber mais qual é o verde mais forte
senão aquele que nasce das cinzas.

JORGETTE DUMBY

é apaixonada pela escrita desde muito cedo. Por agora divide-se entre a arte que a medicina proporciona e todas as outras. Fotografa segundos, (d)escreve mundos e lê pessoas. Acredita na educação. Cresceu em Luanda e continua a crescer pelo mundo afora.

Por que me olhas assim?!

Não
Não matei seu avô
Não matei seu pai
Seu marido
Seu filho
Por que me olhas assim?
O "preta volta pra tua terra"
Escancarado no teu rosto
Não mascarado
Tão real
Que por vezes já nem precisa ser dito em alto
e ridículo som
Sua discriminação
Coloca a violência em ação!
Para si, a guerra foi romantizada
Para mim, foi uma vida negligenciada
Várias, muitas!
Não!
Não matei ninguém
O ditador sim

O ditador matou seu avô

Matou seu pai

Matou seu marido

Filho e irmão

A guerra começou muito antes da primeira bala

A guerra começou muito antes de qualquer grito de
revolta

A guerra começou quando

o poder se achou superior

que outros seres humanos

Quando o poder só abusou e não consolou

Quando se abraçou à teoria da evo...

segregação "natural ".

Por que me olhas assim?!

Tua pupila exalando

A profunda xenofobia

Enraizada numa falsa certeza:

O mito da superioridade

Colossal

Ainda que sem sal.

O mito de que a sua terra é sua

e a dos outros também

Sem visitas! Nem curtas,

muito menos prolongadas por favor

A mania de ter, não só o rei na barriga,
como a família real inteira.
Não!
Não matei
Mas queriam que morresse
Que matasse
Que me matasse
É o que a guerra fez aos que não a quiseram
Por que me olhas assim?
Como um cadáver que sobreviveu
Quando deveria estar morta
Um cadáver andante
Por que não vais ao túmulo do ditador
Que matou as pessoas que amavas,
olhar assim também?
Ele está morto, mas olhando-me assim
mostras que o querias vivo
Para continuar a fazer aquilo
que acreditas ser o certo e pensas todos os dias
Só não tens (ainda) meios para o fazer!
Por que me olhas assim se realmente não me vês?

JULIANO MATTOS

Nasceu em São Paulo, em 1982, e foi adotado por Aracaju, tendo feito, portanto, o percurso migratório inverso. Na capital sergipana passou infância e adolescência, até aos dezoito anos, quando migrou para Portugal, onde atualmente reside na cidade do Porto. Morou também na Espanha, República Tcheca e Polônia. Devido ao interesse por Fotografia, estudou inicialmente artes, mas em 2007 ingressou no curso de Geografia da Faculdade de Letras da Universidade do Porto, onde se graduou em 2010. No ano seguinte completou uma pós-graduação em Sistemas de Informação Geográfica e Ordenamento do Território antes de ir viver em Praga por alguns anos. De regresso ao Porto, tornou-se fotógrafo e passou a trabalhar em festivais de verão e em eventos culturais e noturnos. Foi membro-fundador da *Frente de Imigrantes Brasileiros Antifascistas do Porto* (FIBRA) e desde 2018 é responsável pelo projeto *Ativismo Em Foco*, que se ocupa de fazer reportagens fotográficas e videográficas de eventos de cunho social e político, como manifestações de rua. Tem dois livros de poesia publicados, *Travessa das Almas* (Corpos Editora, 2014) e *Significância Em Escala Poética* (2016). Atualmente, finaliza um mestrado em Riscos, Cidades e Ordenamento do Território na instituição supracitada, com enfoque no direito à cidade e debruçando-se sobre a questão da turistificação e da gentrificação, é investigador contratado no projeto *SMARTOUR – Turismo, alojamento local e reabilitação: políticas urbanas inteligentes para um futuro sustentável*, e assina uma coluna de opinião no *Jornal Universitário do Porto* (JUP).

O vinho derramado

Soa o fado
nos Caldeireiros:
na penumbra, no esgoto.
Repente dramático
que versa desgosto.
O amor — sempre ele —,
carrasco de corações,
recitado como orações
de súplica, de pesar,
em linguajar popular.
O fado soa e faz suar,
e o sangue a jorrar
e no chão a espalhar.
O patriota, a esvaziar,
se desfaz em cacos:
de vidro é o facho,
por um punho tombado,
enervado com o fado,
enfadado, atiçado.

De Alfama à Ribeira,
sem métrica, à maneira,
soa a voz que lamenta,
com guitarras que choram
e violeiros que imploram
e a gente dos tascos,
de ruelas escuras,
e turistas perdidos,
e estudantes falidos,
e velhos olhares:
tradição em trajes
gentrificados!
E jorra o sangue
do fascista em cacos,
o patriota desfeito
em seus mil pedaços.
Porque o fado é o canto
do amor lamentado,
do coração partido,
do povo explorado,
do obreiro oprimido.
No escuro do tasco
soa o fado,
morre o facho.

Apunhalado
pela poesia
dos vagabundos,
dos loucos que pensam,
das ruas que exalam
o odor do passado
e escondem o futuro
em mentes que versam
o novo mundo.
Soa o fado,
morre o facho.
Cantigas em versos,
revoltas em prosa,
penumbra e mofo,
o vinho na mesa
de um chão que não pisa
a trupe burguesa.
Arrasta-se ao esgoto
o facho, já morto;
por baixo da mesa
o sangue espreita,
e o fado a soar
no rescaldo do bar
de um bairro popular.

LAURA BEAUJOUR

é Mulher. Negra. De um lugar perdido no oceano. Uma ilha rotulada francesa, de herança ameríndia, africana. Cresceu entre Guadalupe e a França continental. Por isso, sua identidade sempre foi um tema. Por isso sempre foi mandada pra sua terra.

Laços

Tremia ao pensar que este filho que ia ser me tirado
não importava quem fosse o pai
não seria da cor que eu esperava

Meu esposo
filho de um escravo antes dele
que não seria mais do que as leis da plantação
                                    [permitiam
tinha que ser o pai desta criança

E no meio dos gritos
da dor
só conseguia pensar numa coisa :
                        sua cor

Será que ele seria negro o suficiente para que
finjamos que era a semente do nosso desejo comum?

Ou ele seria um mestiço com um tom incerto?
testemunha dos abraços forçados durante os quais

satisfazendo o mestre
eu via a minha dignidade pisoteada

Me calava sobre o meu sofrimento
E rezava com todo meu coração para que
o mais negro possível
ele também fosse menino

Eu sabia que se ele nascesse escuro
certamente ele ficaria comigo por alguns anos

O tempo de aprender
O tempo de crescer em valor também
Antes de ser vendido no mercado de gado

Seja quem for seu pai
era melhor para esta criança
ser ébano do que marfim
ser ele do que ela

Escolher entre a peste e a cólera

Se sua pele testemunhasse
ele ou ela seria vendido na primeira oportunidade
para eliminar as provas

Po chapé
pele salva
seu destino não seria menos amargo
E eu nunca teria tido a chance de ser sua mãe

Se esta pele traduzisse a viagem
e de uma história distante fosse herdada
teríamos um indulto

A menos que a doença
a morte
surja antes o desenraizamento e os corações
                    [indelevelmente machucados

Não ousava pensar se ele era ela

Eu era uma dona de casa Negra
amante a domicílio
babá de crianças que não eram minhas e que eu veria
                    [crescer até que sua mãe quisesse

Conhecia as preocupações e as incertezas
Conhecia o medo de perder a carne e o sangue
                    [de outra pessoa

Não desejava que nada no mundo oferecesse meu lugar
invejável para meus semelhantes
a este pequeno ser que logo sairia do meu ventre

Eu havia enterrado meticulosamente todo o amor que
   [crescia dentro de mim ao longo dos últimos meses
consciente de que essa felicidade era apenas uma
                     [armadilha sorrateira

Liens témoins

Je tremblais à l'idée que ce fils qui m'allait être enlevé
quelle que soit sa paternité
ne serait pas de la couleur espérée

Mon époux
fils d'esclave avant lui
qui ne serait pas plus que ce que les lois de la plantation
[l'autorisaient
devait être le père de cet enfant

Et au milieu des cris
de la douleur
je ne pensais qu'à une seule chose :
sa couleur

Serait-il assez noir pour que nous prétendions qu'il
[était l'engeance de notre désir commun ?

Ou serait-il métis?
D'une teinte incertaine

Témoin d'étreintes forcées durant lesquelles
comblant le maître
je voyais ma dignité piétinée

Je taisais ma souffrance
et priais de tout mon cœur pour
qu'aussi noir possible
il soit aussi garçon

Je savais que s'il naissait foncé
il resterait certainement auprès de moi quelques années
Le temps d'apprendre
Le temps de prendre de la valeur aussi
Avant d'être vendu au marché aux bestiaux

Que qui que soit son père
il valait mieux pour cet enfant être ébène qu'ivoire
être il que demoiselle

Choisir entre la peste et le choléra

Si sa peau témoignait
il ou elle serait vendu au plus tôt
pour éloigner la preuve

"Po chapé"
"peau sauvée"
son destin n'en serait pas moins amer
Et moi je n'aurais jamais eu la chance d'être sa mère

Si cette peau traduisait le voyage
et d'une histoire lointaine
se faisait l'héritage
nous aurions un sursis

À moins que la maladie
la mort
ne frappe avant le déracinement et les cœurs
                              [indélébilement meurtris

Je n'osais pas penser à s'il était elle
J'étais NoirE de maison
maîtresse à domicile
soigneuse d'enfants qui n'étaient pas les miens
et que je verrais grandir jusqu'à ce que leur mère
                              [le veuille bien

Je savais les inquiétudes et les incertitudes
Je connaissais la peur de perdre la chair de la chair de
                              [quelqu'un d'autre

Et je ne souhaitais pour rien au monde offrir ma place
enviable pour mes semblables
à ce petit être qui sortirait bientôt de mon ventre

J'avais méticuleusement enfoui
au plus profond de mes entrailles
tout l'amour qui grandissait au fond de moi depuis ces
[quelques mois
consciente que ce bonheur n'était qu'un piège sournois

LEIDY ROCIO ANZOLA CHAPARRO

nasceu na Colômbia e tem 35 anos. Estudou
Licenciatura en Educación Básica con énfasis en
Humanidades: Español e Inglés. Em 2010 ao terminar
a licenciatura começou a trabalhar como professora
em escolas públicas no seu país. Vive em Lisboa
há três anos.

Animais na quinta

Eles também nos agruparam sem saber
o que iríamos testemunhar
Bem, não é algo que acontece
em nosso ambiente natural
Eles se juntaram e começaram a cercá-los
"Têm de entregar seus filhos"
nós viemos para levá-los.

Pablo olhou para o chão, não conseguiu reagir
Doris e seus netos continuaram implorando
Estávamos com medo, mas forçados a olhar
Nunca entenderemos as ações da humanidade
Eles nos deixaram sem dono,
o Pablo foi descansar.

Animales en la granja

También nos agruparon sin saber
lo que íbamos a presenciar
Pues no es algo que acontece
en nuestro ambiente natural
Ellos se juntaron y los empezaron a rodear
"Tienen que entregar a sus hijos"
los venimos a llevar.

Pablo miraba al piso, no podía reaccionar
Doris y sus nietos no paraban de implorar
Nosotros asustados y obligados a mirar
Nunca comprendimos el actuar de la humanidad
Nos dejaron sin un dueño,
Pablo se fue a descansar.

LUCA ARGEL

nasceu em 1988 no Rio de Janeiro, e vive desde 2012 em Portugal. É licenciado em música e mestre em literatura, e tenta equilibrar o seu trabalho entre as duas áreas. Tem 5 livros e 4 álbuns lançados. É apaixonado por samba.

Smoothie

ela cresceu numa favela de Bagdá
na primeira década deste século.

pelo menos uma vez por semana
era acordada em plena madrugada
pelo som ensurdecedor dos rotores
de um enorme helicóptero americano
dando voos rasantes sobre sua casa
sem objetivo
para além
da intimidação.

hoje vive num subúrbio sossegado de Lisboa
traduzindo para o árabe novelas brasileiras.

quase morre de susto
toda vez que eu uso o liquidificador.

LUCIANA PONTES

artista multidisciplinar brasileira e viajante. É autora do livro de poesias de publicação independente *Antes que o Sol Nasça* (2011), bem como co-fundadora, performer e musicista do coletivo de *arte pelvyca*. Seu trabalho atravessa as artes da escrita, atuação e canto, performance, fotografia e instalação. Estudou teatro na Universidade Federal do Rio Grande do Sul e, atualmente, reside em Cascais, Portugal. Seu trabalho solo e seu trabalho coletivo tratam de temas relacionados às sátiras da vida na sociedade moderna e à crítica aos sistemas econômicos, bem como à jornada de autoconhecimento do indivíduo e perante sua própria história. Sua obra, em qualquer das disciplinas, registra os detalhes físicos e metafóricos deixados para trás no meio da bagunça e maravilha que é a vida. Com os materiais disponíveis, ela busca a desconexão de contextos para a ampliação e saturação de instantes. Visite lucianapontes.pb.gallery @alucianapontes para mais informações.

*

eu peço desculpas por ter esquecido
meu relógio em cima da cama.
eu disse que nunca morreria e é verdade
eu nunca mais morri depois daquela tarde morna
em que nos conhecemos
aquela folha que cai no chão e os carros batem.
um segundo e os corpos voam.
os carros caem e as folhas batem. o abismo foi pouco.
a caneta caiu no chão, mas tudo bem.
minha vida seguiu em paz.
o incômodo é água que acaba
e a luz que desliga toda a noite, sempre.
na minha janela não há lua, mas bem que eu queria.
decidimos viver mais vezes. não deu. eu tentei, e você?

vi passar a gota vermelha
um fio de cabelo voando
restos de vidro quebrado,
a cabeça partida,
lençóis molhados.

quem suspirou
quem
eu mergulhei dentro do livro de cabeceira
você toca guitarra como ninguém
é mentira
já ouvi tantas pessoas tocarem melhor
mas
não
com
esses
dedos.

LUCIANA SOARES

nasceu em Fortaleza, Brasil, 1985. É poeta por fome do espírito. É autora de *Poesias Mareadas* (Urutau, 2020). Mestre em Edição de Texto, reside desde 2017 em Portugal, onde segue instintos, inventa a si mesma e brinca com as palavras.

cala e diz

português —
gente e língua —
todo dia me ensina
a violência que transita
entre o silêncio e a palavra

a senhora loura da frutaria que diz
sobre os negros que lá estavam
não é racismo nem nada
mas essa gente
não faz nada direito
até prefiro que cá não venham
e depois fica desconcertada
quando ouve meu sotaque

no fundo cala e diz
o mesmo

que os muros pichados das escolas e universidades
e seu facho ataque

que por sua vez calam e dizem
o mesmo

que o SEF a um Ihor Homeniuk
que já nunca mais fala
que cala e diz
o mesmo

que o homem branco que diz
à mesa no almoço de domingo
num tom entre o sussurro e o riso
que o cão da família
não estranhou à entrada da casa
nenhum dos amigos do filho
exceto aquele escurinho
a quem latiu desconfiado

que cala e diz
o mesmo
que quem me cala e diz que o que falo é
brasileiro
um português mal falado

português —
gente e língua —

todo dia me ensina
sobre o dito e o interdito
o que se mostra e o que se esconde
sobre quem como e onde
violentamente
cala ou é calado.

MAI ZENUN

é artista imigrante mãe mulher negra brasileira.
Entre trânsitos. E poeta desde a infância, mais por
persistência. Autora do blog *Flores de Maio*. É do
Rio de Janeiro, foi criada em Petrópolis, cresceu em
Brasília e, desde 2016, vive a linha de Sintra, Amadora,
Portugal. É doutora em Sociologia pela UFG, com a
tese *A Cidade e o Cinema [Negro]: o caso FESPACO*,
com formação continuada em Ciências Sociais e Artes
Imagéticas — ambas articuladas através de estratégias
concomitantes de atuação e escrita político-poética.
Possui trabalhos em imagens, performances e
escrivivências e também produção acadêmica sobre
educação antirracista, televisão, cinema brasileiro,
cinema negro, metodologias decoloniais e teoria do
conhecimento. Em 2015, participou da fundação da
Nêga Filmes, coletivo que faz a curadoria de ciclos
de cinema negro e coordena formações nas áreas
de poética da imagem. Em 2017, foi uma das duas

artistas selecionadas pelo prêmio Lisboa capital ibero-americana de cultura, para uma residência no lavadouro público de Carnide. Em 2018, participou com a performance *a terra tremeu dentro de mim e eu fiquei sem casa* no primeiro festival feminista de Lisboa; e em 2019, na segunda edição do mesmo, mediou o *workshop cinema de/para/com mulheres negras*. Também neste ano, esteve no festival TODOS, com o ensaio poético-fotográfico *caminhos percorridos com carinho*. E, entre tantos outros acontecimentos, em 2020, passou a integrar o projeto de pesquisa "Memórias que vêm das palavras: olhares museológicos para as literaturas de mulheres negras", da UFPA.

Reboleira

Estar Reboleira é mais que agora,
é mais que verdade.
Estar Reboleira é morar em qualquer paisagem,
ou em toda cidade...

Acho que são os sotaques!

Todos os sotaques batem à minha porta,
na casa da Reboleira.
Batem por toda ela...
Invadem a minha janela.

E é dela que eu vejo quitandas, calçadas,
eslavas, chilenos, botecos, esplanadas.
Cinco velhos conversando.
Vejo até um pingo, doce...
Muitos corres nas esquinas...
Muito beijo na boca.
Menininhas de mãos dadas.
A polícia, tretando, armada.

Vejo o vento,
que caminha lá embaixo.
O tempo, que desvia...
lá embaixo.

Nono andar!

De lá, vejo a compaixão de quem pisa na poça...
Vejo o vai e vem dos dias... das moças...
Vejo até poesias... muitas delas.

Estar Reboleira é estar casada...
Cansada.
Certas horas, feliz.
Certas manhãs, distraída.
É estar na minha, estar atenta.
É estar cotidiana-mente... indo e vindo...
Ao talho... indo e vindo... do centro.
De comboio... ou em pé de vento.
Brisada. Desperta. Dispersa...
Olha o guarda!
Documento, visto, autorização,
certidão, promissórias...
Olha o pica!

… este mês não sobrou pro transporte.
Pindaíba.

"Posso passar contigo?"
"Posso caminhar contigo?"

Estar Reboleira,
entre crianças romenas sírias cabo-verdianas
bangladeshianas angolanas chinesas portuguesas
brasileiras… Estrangeiras.
É estar entre-muros… é estar todo dia.
Muitas horas, muitas rotinas...
Elas brincam na calçada,
como em qualquer outra cidade da vida.
Como em qualquer outra paisagem da vida.
E eu observo.
Quase tudo.
Brinco às vezes, canto, às vezes…
Às vezes, mudo.

Estar Reboleira é ser lembrada,
a todo instante,
tique-tac,
todo dia… tic-tic-tac… pimba.

Que esta terra não é (a) minha...
Que este chão tem outra gira,
outra gama.

"Volta pra tua terra, piranha!"

Por isso e por tudo...
Por todos os absurdos...
Às vezes, não querer esse gosto migrante na boca...
Essa nódoa.
Cotidiana-mente.
Repetida-mente.
Sistematica-mente.

É foda!

Na boa. De boa.
Eu desabo, eu encaro.
Eu escrutino e desterro.
Eu despacho. Reajo.
Entristeço. Tropeço. Reajo de novo.
Enfim.

Estar Reboleira...
Uma vida inteira...
É estar longe...
Longe de casa,
longe de mim...

Num aspiral de falsos fatos!
Falsos relatos... destroços.
Desgraças.
Cotidiana-mente.
Repetidas vezes.
Repetindo, repetindo, refletindo...
Ventando dentro de mim.
Soprando. Dentro de mim.

É que faz frio na Reboleira, sabe?
Faz cada vez mais frio... faz.
Mas, eu... eu moro é no alto dessa escadaria.
Número 9º B. Na esquina da Igreja do Largo.
E na minha casa não faz frio, não, sabe?

Quase todo dia é dia de sol nascente.

Porque o vento passa é lá embaixo…
Ele corre é no asfalto...
Sabe? Ele desaparece…

Porque na minha casa,
a gente faz versos como quem chora…
E o frio não se cria, não fica... ele não se demora. Só voa.
Mas, na Reboleira portuguesa cheia de fronteiras...
Ahhhh, na Reboleira faz frio, sabe?
Cada vez mais... Cada vez mais.
Por toda ela. Pr'além dela…

E mais nada.

MANUELLA BEZERRA DE MELO

é recifense, autora de *Pés Pequenos pra Tanto Corpo* (Urutau, 2019), *Pra que roam os cães nessa hecatombe* (Macabéa, 2020), ambos de poesia. É jornalista, mestre em Teoria da Literatura e, atualmente, doutoranda no Programa de Modernidades Comparadas: Literaturas, Artes e Culturas na Universidade do Minho, em Portugal, onde vive desde 2017.

A cadela que fazia amizade
lambendo feridas e
não sabia abanar o rabo
teve a língua arrancada
         (adocicada)
servida com ovos moles

MARIA GIULIA PINHEIRO

nasceu em São Paulo e atualmente vive no Barreiro. Autora de *Da Poeta ao Inevitável* (Editora Patuá, 2013), *Alteridade* (Selo do Burro, 2016), *Avessamento* (editora Urutau, 2017) e*30 (poemas de amor) para (os) 30 (anos de alguém que nunca amei tanto assim)* (editora Urutau, 2020). Atualmente viaja pelos países de línguas portuguesas com a performance *A Palavra Mais Bonita*. Mais em: www.mariagiuliapinheiro.com

Como a língua mais bonita do mundo

Aqui em Portugal eles dizem
— eles dizem —
que nosso português é errado,
que nós não falamos português
que nós falamos
brasileiro.

Tenho ódio quando dizem que falo brasileiro.
Ódio de, por anos, ter engolido o português.

500 e tal anos engolindo o português.

Como a língua mais bonita do mundo.

Sem saber que a língua mais bonita do mundo
é o brasileiro.

Queria na escola aprender brasileiro.
Ter na gramática a beleza do gerúndio,
do você e do tu misturados.

MARIA GIULIA PINHEIRO

Aprender na escola,
no dicionário,
que sinônimo de descobrimentos é genocídio.

E aprender desde cedo que o artigo
decide o plural, não o substantivo.
(Olha a força disso: o artigo, a referência,
o que define, e não o sujeito serem
os múltiplos.
A epistemologia da raiz, que cresce muitas,
não do ego, que é sempre um, mesmo com outros.)

Queria que minha professora de brasileiro
me ensinasse na escola,
desde cedo,
que a beleza da língua é passear pela boca,
pela cabeça, pelo corpo
e que não há limites pra brincadeira:
que nós podemos criar as imagens a bel prazer,
que c não existe no fato,
que nós podemos engolir,
transformar e devolver qualquer palavra e ela
automaticamente se torna nossa.

Como deletar,
como randômico,
como flaunar,
como jobar
e digiro outras palavras
outros verbos
outras
outras,
que se tornam
Eu.

Queria que nas escolas aqui eles ensinassem
que, se você diz que herdou dos seus pais
e avós e ancestrais
o ar navegador
a mão no leme
a vontade de unir o mundo
o ouro do mundo,
se ainda tem isso tudo,
se ainda conserva essa herança,
se se orgulha dela,
se não reparou a quem devia,
se deu a língua a quem tirou a vida,
não pode dizer:

"Não fui eu que colonizei"
"Não fui eu que violentou".

Se a sua linguagem, a lusitana,
ainda conserva a palavra da opressão,
do correCto a quem foi obrigado
a aprender a sua língua e violentar as
originárias, ela não é a mais bonita do mundo.

Ela é uma das mais violentas.

Como a língua "mais bonita do mundo"
e digiro a beleza
em brasileiro,
em macua
em changana
em luandènse
em criolo
em pretuguês
em tupi
e em tantas línguas
que são a dor
mais bonita do mundo
codificadas

em linguagem
sempre nova
sempre viva
sempre nossas.

MARIANA DORIGATTI WORITOVICZ

é brasiliana e vive no Porto, em Portugal, há mais de dois anos. É produtora, professora, pesquisadora e mestranda em teatro e tem realizado alguns trabalhos sobre a xenofobia e o fascismo.

Depende quem pergunta.
Depende quem responde.
Meu valor é seletivo. Você escolhe.
Valho pouco: 300 euros por 40 horas de
trabalho.
Valho muito: 325 euros por um mês de
aulas.
Sou um emaranhado de cartões de
plástico com carimbos jeitosos.
Sou uma validade de autorizações
Sou papelada,
Sou trâmites,
Sou procedimentos,
Sou processos:
Sou uma burocracia itinerante.
E se para entrar no Brasil de 1500 precisasse de visto?

MARIANNA DI GIOVANNI PINHEIRO SERRANO

nascida e crescida na cidade de São Paulo, é bióloga e trabalha dois anos como professora enquanto continua a atuar no movimento de educação popular urbano. Vive atualmente em Portugal, na cidade do Porto, onde recentemente concluiu o mestrado em Ciências da Educação com um trabalho sobre os cursinhos populares na cidade de São Paulo. Cultiva um processo de escrita poética que a acompanha desde a adolescência como ferramenta transformativa da experiência no mundo capitalista.

Notícias de longe

Estampadas na areia
remanescem notícias de outrora,
desinformadas de seu tempo
sobrara somente uns tantos paus.

Em meio ao mar atlântico
resta um náufrago, dizem.

Peixes pálidos sobrevoam a civilização
enquanto um estranho espécime
braveja do mais alto mastro
o seu arranha-céu.

MONISE MARTINEZ

é editora, produtora de conteúdo, pesquisadora e doutoranda em Estudos Feministas (CES/UC). Em Portugal desde 2013, tem comparticipado em projetos de extensão e atividades artístico-literárias em Coimbra, onde vive atualmente.

Pé na aorta

um dia vou explodir
na sua mesóclise

suas narrativas falhas
Doutora
perder-se-ão
na verticalidade
desmoronada
de suas palavras
violentas
fingidas de coitadas

vou eclodir
nos seus Chiados

suas teorias lassas
Doutora
ditas e ditadas
na gramática
imperativa

de suas tentativas
medíocres
tingidas de trapaças

e vou me demorar
nasalisando
cada infinitivo seu
Dra.
estúpido e estático
se cansado-ando
de sentenças
coloniais
desfazendo no âmago
quem nunca te pertenceu

você me corta

broto raivosa
na voz arisca
de quem arrisca
riscar-te toda
à caneta
sem carga
ponto à ponta

amarga

você me aborta

cresço timbrosa
na língua
em número
hordas
no seu cotidiano
da padaria
à Academia
bem no meio
da sua aorta

(me) movimento
(nas) suas correntes
sanguíneas

desde o tempo
das caravelas
sanguinárias
me acalento
em sístoles
feridas

me alimento
de diástoles
ordinárias

e bato, bato
e pulso, pulso
tic-tac-teio
meu ritmo
incubmisso
na sua fragilidade
omissa

e bato, bato
e pulso, pulso
titubeio
meu íntimo
demisso
na sua crueldade
remissa

e bato, bato
agarro seu pulso
sustento
meu timo

ouriço
na sua superioridade
premissa

se liga

um dia vou explodir
suas mesóclises
tia
picotar suas ênclises
com a minha sintaxe
desregrando a cena
do seu turismo
em favela
que posa de *fixe*
na minha base

vou explodir
seus subjuntivos
tia
bagunçar suas ordens
usando minhas frases
desmascarando a pena
das suas fotos
giras

retratando a pobreza
para caçar like

se liga
tia
o que é nosso
ninguém tira
para botar em museu
e nem nas letras
nem na vida
tia
minha carne será sua
e o Brasil seráninguém tira
para botar em museu
e nem nas letras
nem na vida
tia
minha carne será sua
e o Brasil será seu.

MURILO LENSE

Nasceu em Curitiba, 1989, e vive em Lisboa desde 2017. Trabalha como redator publicitário. Já teve contos publicados em antologias literárias, no Brasil, e também escreve paródias poéticas na página *Se Poema Fosse Funk*, no Instagram.

Antiglitters

Há muito o Carnaval se foi
mas ainda tenho visto
antiglitters por aqui.

Na roupa de cama
nalgum bolso do casaco
nas reentrâncias do umbigo
purpurinas ao avesso
sugam-me o viço.

Quem é que vai querer pular
sob os confetes de sombra?
Quem é que vai querer brincar
com as serpentinas sem cor?
Quem é que vai querer curar
a carne dos lábios mordidos?
Quem é que vai querer ficar
quando o maracatu se for?

Rogo
pela memória que cintila
agora há
na minha mão a tua pupila
e eu a esfrego por meu corpo
tal qual fita adesiva
removendo a escuridão.

MURILO GUIMARÃES

nasceu na Bahia, em 1975. Cursou mestrado e doutorado em Antropologia. Poeta e ficcionista, prepara-se para publicar os seus primeiros livros. Mantem o projeto on-line, *RG:Murilo*, no qual combina poesia, vídeo e música eletrônica.

O presente

Sim, Lisboa,
o passado resplandece nos teus medos
e desenha na tua face as suas alhadas.
Fantasmas esgueirando-se nos becos.

Cidade nova, presença soterrada.
Ainda cantam aquelas pessoas.
Pulsam, ressuscitadas.
Das naus perdidas, macabras loas!

É tua a desdita, Lisboa:
sorri, esta é a tua história.
Tal verdade, tal justiça:
no morticínio vislumbras a tua glória.

NOEMI ALFIERI

escreve, é investigadora, migrante. A sua escrita é atravessada pelas preocupações à volta da violência, do gênero, do colonialismo, da opressão capitalista, da propaganda e das construções raciais. É italiana, a viver em Lisboa.

Não se vão livrar de mim tão depressa

Estrangeira: nunca.
Cidadã de nenhures
alma de toda a parte
maldita bruxa,
tormento.

Não se vão livrar de mim tão depressa.

Non vi libererete di me così in fretta

Straniera: mai.
Cittadina di nessun luogo
anima di ogni dove
maledetta strega, tormento.

Non vi libererete di me così in fretta.

RONALDO CAGIANO

é mineiro de Cataguases, viveu em Brasília e São Paulo, está radicado em Lisboa. Autor, dentre outros, de *Eles não moram mais aqui* (Prêmio Jabuti 2016), *Os rios de mim* (Poesia, 2018) e *Cartografia do abismo* (Poesia, 2020).

Escombro

É tempo de poucos sorrisos neste país,
e há dias em que o desalento de tantos
nos contagia.
Julián Fuks ("A ocupação")

A vingança com seus enfeites
congestionou as praças do meu País.
semeando canteiros de ódio
com o adubo dos preconceitos
e a seiva impune do fascismo
Nesse temp(l)o de desastres,
a verdade exilada numa noite de incêndios.
O desdém acumulado cavalga na febre das insânias
e com ela, a Morte, rancoroso animal a nos perseguir,
espera o salto final no Anfiteatro do horror e impõe
vagaroso naufrágio da luz numa nação necrosada
pelos abscessos das fake news
fecundando a barbárie num pomar medieval,
onde vicejam os frutos da intolerância.

Calendário intransigente
insuflando ondas indecifráveis e tenebrosas
em infecta nostalgia do passado.
Ao sul e ao norte dessa História debochada
sob escombros de um ódio domesticado,
vil e afrodisíaco
meu corpo cansado, limítrofe da dor,
colhe a indócil oferenda da serpente voraz
envenenando a turba indefesa.
Como em todas as manhãs,
nascerá mais um dia sem nome
que nos vomitará todos os escárnios e
decretará mais uma metástase:
eis a ruína de um milênio que ainda engatinha.

SALAZAR CRIOULO

nasceu em Pindorama, interior de São Paulo, em 1988. Ainda cedo encontrou na escrita uma forma de construir seu mundo. Tem poemas publicados em revistas no Brasil e em Portugal. Atualmente, vive de pequenos rendimentos em Lisboa. Publica seus poemas no Medium @salazar.crioulo

Cidadela portuguesa

não fui eu que vim ver
entre ruas rasteiras
rotas molhadas bandeiras
a cidade onde nunca viver
e suas janelas em falsa cor

não escolhi nascer
na porção de terra ao lado
ligada pelo caminho molhado
e um insistente esquecer
daquele que causa a dor

não me falta interesse
em querer gostar de ti
tanto é que de lá parti
sem lamento que desse
por falta de mala e rigor

(passeiam aqui na rua de pedra
quatro belas raparigas
estrangeiras, de certo
forçam uma pose fotográfica
insistem na pose
repetem a pose
duma fotografia de beleza inútil)

não caminho por ti, Lisboa
piso em cada parte que posso
aquele terremoto, era nosso
mandinga brava que amaldiçoa
quem é, da história, devedor

(o teu rio não deságua
teu rio não se move
de tão grande, entende-se mar
tipo de arrogância que dá nojo
teu estuário guarda a mortalha
de civilizações e raças
sem nenhum turista dar por isso
Tejo não é rio, é desgosto)

nunca essa cidade foi portuguesa
é romana, moura, açoriana
goense, santomense, angolana
timorense, macaense, moçambicana
brasileira, guineense, cabo-verdiana
tua única glória é a baixeza
de ainda ter destreza
para ser da europa, zeladora

SAMARA AZEVEDO

é atriz, iluminadora, produtora e performer multimídia. Escreve poemas, textos acadêmicos e políticos. Dança nos palcos, manifesta nas ruas, e às vezes ao contrário. Sua alma aquariana é capaz de combinar vinho, praia, pipoca e ódio ao Bolsonaro numa mesma festa online.

Há algo de trágico no carnaval

Por entre os caminhos que percorrem
os caminhos que chegam a minha bunda
Sempre aconteceu um porém
Uma ressalva
Uma vírgula
Que não pudesse estar extinta
Nas latinhas de cerveja, de chope que é imperial
Dessa nobreza pobre
Cafona até
Que me fizessem cair na folia de biquíni

Tenho que colocar uma pseudo-fantasia
Um costume dos bons de casaco
Para estar a par
Estar a flertar
Com uma melancolia fadista
Nos blocos frios de pseudo-carnaval
Falta beijo na boca em larga escala
De deixar de contar a quem me enrosquei

Pois se em um pseudo encostei
Já é o bastante para a obviedade
que carrego em sotaque

Cansei dos jantares onde
só se come após o último invitado
Quero churrasco pra me fartar a qualquer hora
Apesar
Com pesar
Na tragédia pós-moderna bozonaro,
é melhor ser geringonça tuga que fascista
tupiniquim

SAMARA RIBEIRO

é mulher indígena, uma descendente *Kariri* arrancada de seu povo. É escritora, poeta, filósofa e psicóloga e atualmente está a concluir o mestrado em Psicologia Clínica pelo Instituto Universitário de Psicologia Aplicada (ISPA/Lisboa). Ainda que afetivamente ligada à oralidade — herança de sua ascendência indígena — despertou cedo para a escrita, tornando-se uma amante incondicional da poesia já na adolescência. Foi nesta época que integrou um grupo de criação literária e performance teatral chamado *A Palavra Mágika*, onde reforçou seu vínculo com a lírica e encantamento dos versos. Em 2017, foi laureada pelo Prêmio de Literatura da Universidade de Fortaleza com o seu poema *Prosodiofilia.* Um ano depois, em dezembro de 2018, estreou no mundo da prosa com *Salvatore,* seu primeiro conto publicado, que saiu pela editora Labrador na coletânea *Mirabília — Contos de Natal*. Já em Portugal, em 2019, teve seu conto *A Estrangeira*, publicado na obra *Resistência Escritas*. Mais recentemente teve cinco poemas eleitos para compor a *Antologia Poética da Imigração Lusófona*, coletânea lançada em 2020 pela Kotter Editora. Atualmente, dentre outras coisas, dedica-se à resistência-escrita através da investigação acadêmica e da publicação de seus poemas e contos em revistas, blogues e antologias.

(refluxo de mar)

Minha caneta-quilha
Avança
cortando ao meio
o branco e impávido mar
desbotado de sol
corroído de sal
Mar

Mar salgado
das lágrimas
tupiniquim
vermelho-sangue
umami
das brasas
dos brasis
e brasões
a cortar-lhe em toras
por tão alvas mãos
usurpadoras

corroídas de sol
desbotadas de sal

Mar sereno
da calmaria tensa
que antecede o gozo
em teu silêncio
recorda-me o caminho
desfaz o nó que me prendeu

Mar que tudo viu
mostra-me o Porto seguro
dos Pataxó(s), Tumpinambá(s) e Kaimbé(s)
das vermelhas coroas
mostra-me a Bahia
                    (não a dos santos!)
para que não me devorem
os teus torvelinhos
e furacões
nesse penoso e convulsivo
refluxo de mar
nesse vertiginoso
caminho de regresso.

SYLVIA DAMIANI

nasceu em 1991 em São Paulo. Formou-se em Letras pela USP. Desde então escreve e traduz. Publicou *Adultos não amam* (2017), livro de poesia independente, pela Caixa Editora. Recentemente, vivendo em Portugal, escreveu esse poema.

game over

já é primavera e os dias
têm cheiro de setembro

ir a qualquer lugar
de calças de ganga
e *t-shirt*

como uma uva
tudo passa

como vinte
e quatro uvas
cada flash
é um susto

como deve ser
possuir a própria língua
manipular a fala
sem magoar
a ordem geral

onde está, fica: a toalha
para sempre suja
de vinho; o lençol
para sempre sujo
de sangue — *quanto*

do teu sal, baby,
e coisa & tal

como pano de fundo
tudo se encerra
e o mar em pedacinhos
todos disformes

rua da louca ou
rua da louça, querer
voltar a um lugar
onde já não posso estar

não se bate
à mãe
nem ao menos
uma vez

SYLVIA DAMIANI

todo poema
é sinal de sorte

dias piores
virão
dias piores
passarão

lá atrás
no fim do túnel
abandonamos
essa água salgada

e desde então
seguimos, nadando,
sedentos,
sem remédio.

VUM-VUM KAMUSASADI

é um escritor, compositor e músico angolano, nascido em Luanda, em 1943. Fez a sua carreira musical em Angola, Portugal, Espanha e Alemanha. Além de textos poéticos, é criador de duas *Memórias Romanceadas*.

Viver

teus passos junto aos meus
quisesses tu vizinho
lado a lado o mundo
juntos fazíamos caminhar,
mas ainda que eu queira
são tuas palavras
refrão de coisas feias
sem harmonia para a vida
contigo dialogar, viver e amar;
e quanto a esse modelo
de sonho cor e fantasia
que se ajusta ao calibre
                    do teu dia a dia,
não o cobiço para meu viver,
q'eu nada sei de condução
e me falta razão para aprender;
                    porém,
do medo que te apoquenta
te consome e alimenta,

pertença fosse do meu alforge
                         vizinho;
que à tua vida sedenta
de xenofobia e maldizer,
alimentar-lhe-ia em cada jornada
à tua felicidade e prazer...
e se de razão precisas
para saber dar e receber
escuta vizinho, meu conselho amigo;
num albergue de cores eu vivo
no condomínio das cores
que inspiram o painel da tua agonia,
mas pouco importa, vizinho amigo:
que da geometria da vida
                         tempo e lazer,
em qualquer espaço e lugar
eu arquitecto os meus dias,
erguendo alicerces
para alegria de viver.

este livro foi editado
no outono
de 2021